SE LIBÉRER DE L'ANXIÉTÉ DES ENFANTS ET DU OCD POUR LES PARENTS

10 Astuces Scientifiques pour Reprendre le Contrôle de Votre Enfant Anxieux en Toute Confiance et

Voir une Réduction Majeure des Symptômes à Partir de cette semaine

Madeline Armstrong

PRÉFACE

Vous êtes fatigué. Vous avez l'impression d'avoir tout essayé, n'est-ce pas ? Les nuits sans sommeil et les inquiétudes sans fin sont devenues votre quotidien. Je connais ce sentiment d'impuissance. Je sais ce que c'est que de voir votre enfant lutter, piégé dans un cycle d'anxiété ou de TOC, et se sentir totalement incapable de le libérer. Ce livre ne consiste pas à donner à votre enfant une page à colorier ou à vous rassurer vaguement que les choses vont s'améliorer. C'est un plan de bataille. Ce livre représente un changement radical, en déplaçant l'accent du traitement de l'enfant vers l'habilitation des parents. Nous allons arrêter de marcher sur des œufs. Nous allons arrêter d'alimenter la peur. Vous êtes le leader de cette famille. Vous êtes la solution. Nous commençons cette semaine.

TABLE DES MATIÈRES

Préface iii

Introduction vi

Chapter 1: La VÉRITÉ CHOQUANTE sur l'anxiété de votre enfant : Pourquoi les parents sont le SEUL traitement qui fonctionne (et pourquoi les thérapeutes ne vous le diront pas) 1

Chapter 2: DÉVOILÉ : Comment le 'Bully' de l'anxiété et le 'Troll' du TOC détournent le cerveau de votre enfant - et le mouvement à 0 $ qui coupe instantanément leur approvisionnement en oxygène 9

Chapter 3: Hack 1 & 2 : La technique de validation "Miroir Magique" - Dites CECI au lieu de 'Tout ira bien' et observez leur réponse à la peur diminuer de 60 % (Le protocole de réinitialisation du langage) 18

Chapter 4: Hack 3 & 4 : La Stratégie 'Ancre Inébranlable' : Comment Éteindre une Crise de Panique Complète en 90 Secondes... Plus, Le Plan pour l'Échelle de Peur Dirigée par le Parent (Valeur : 497 $) 28

Chapter 5: Hack 5 & 6 : Le Secret de Rééducation du Cerveau de 7 Minutes - Comment Forcer le Circuit de l'Anxiété à S'Auto-Détruire... et les 3 Scripts pour Bloquer les Rituels Compulsifs Sans Commencer une Guerre 37

Chapter 6: Hack 7 & 8 : Le PIÈGE de Réassurance - Pourquoi 'Es-tu sûr que nous sommes en sécurité?' est une pilule empoisonnée... De plus, Les 4 règles non négociables qui empêchent l'anxiété de dicter l'emploi du temps de votre famille 47

Chapter 7: Hack 9 : Le protocole 'Pas de sabotage' - Comment faire en sorte que les frères et sœurs, les grands-parents et les enseignants appliquent votre plan (Empêchez les réponses incohérentes de perturber 6 semaines de progrès) 57

Chapter 8: Hack 10 : Le Bouclier de Résilience de 14 Jours - Prédire et Écraser les 'Blips' d'Anxiété Avant Qu'ils Ne Devront Un Rechute Totale (Votre Stratégie de Liberté à Long Terme) 66

Chapter 9: Les Pièges d'Enabling : Les 5 Actions 'Aimantes' Qui Alimentent Chaque Jour en Secret le Monstre de la Peur de Votre Enfant 74

Chapter 10: Dépannage : La trousse d'urgence pour les moments de crise - Instructions étape par étape pour vaincre le refus scolaire et l'anxiété de séparation sévère sans crier 83

Chapter 11: Le Plan de Bataille de 7 Jours : Quelles 3 Astuces Déployer À Partir de Lundi Matin (Et Comment Mesurer Un Progrès de 1 000 $ d'ici Vendredi) 92

Épilogue 100

INTRODUCTION

LE PLAN DE REPRISE DE VOTRE SALON EN 7 JOURS : POURQUOI TOUT CE QUE VOUS PENSIEZ SUR LE 'PARENTING DOUX' D'UN ENFANT ANXIEUX EST DANGEREUSEMENT FAUX

Vous n'avez pas pris ce livre à la recherche d'une vague assurance. Vous l'avez acheté parce que vous avez besoin d'action. Vous avez besoin de clarté.

En ce moment, vous avez peut-être l'impression d'échouer avec votre enfant. Vous pourriez croire que vous êtes d'une manière ou d'une autre inadéquat pour gérer la peur écrasante qui a envahi votre maison. Arrêtez immédiatement cette pensée. Ce sentiment d'impuissance est incroyablement courant. Ce n'est pas vrai.

Élever un enfant piégé dans le cycle de l'anxiété ou du trouble obsessionnel-compulsif (TOC) est sans doute le travail le plus difficile du monde. C'est épuisant. C'est déchirant.

On vous a souvent dit d'être patient. D'être doux. De fournir un havre de paix. Et oui, ces choses comptent. Mais quelque part en cours de route, cette douceur essentielle s'est transformée en tout autre chose. Elle est devenue une forme d'inaction. Elle s'est transformée en évitement constant et corrosif. Elle vous a transformé en spécialiste des accommodements, ajustant sans cesse le planning, les règles et les attentes de la famille simplement pour apaiser la peur.

Ce livre renverse complètement la situation.

Nous allons arrêter de marcher sur des œufs pour le tyran invisible qui vit dans le cerveau de votre enfant. Nous allons arrêter de négocier avec l'anxiété. Nous allons nous éloigner d'un soutien émotionnel vague et vers une intervention thérapeutique active, ciblée, dirigée par vous.

Cette approche radicale repose sur des sciences solides. C'est le mécanisme fondamental de changement utilisé dans les traitements de l'anxiété les plus efficaces au monde. Nous allons utiliser une compassion profonde, oui, mais nous allons l'associer à une confiance ferme et inébranlable. Votre enfant doit emprunter votre confiance jusqu'à ce qu'il construise la sienne.

Nous allons démonter le cycle de l'anxiété ensemble.

Nous allons intégrer 10 astuces spécifiques et puissantes dans votre stratégie parentale immédiatement. Ce ne sont pas des tableaux de récompense comportementale ou des exercices de respiration. Ce sont des changements fondamentaux dans la manière dont vous réagissez à la peur et à l'évitement. Elles sont simples, soutenues par des recherches solides, et elles fonctionnent.

Ces astuces vous placent, vous, le parent, de nouveau au centre du contrôle.

Êtes-vous prêt à arrêter de marcher sur des œufs à cause des demandes invisibles de la peur ? Êtes-vous prêt à reprendre votre salon, votre dîner en famille et votre paix intérieure ?

Vous allez commencer à voir un réel soulagement mesurable à partir de cette semaine. Votre enfant a besoin d'un coach confiant qui sait exactement quoi faire. Il n'a pas besoin d'un spectateur passif qui plie au premier signe de détresse. Ce coach, c'est vous.

Commençons le plan de reprise du salon en 7 jours.

CHAPTER ONE

LA VÉRITÉ CHOQUANTE SUR L'ANXIÉTÉ DE VOTRE ENFANT : POURQUOI LES PARENTS SONT LE SEUL TRAITEMENT QUI FONCTIONNE (ET POURQUOI LES THÉRAPEUTES NE VOUS LE DIRONT PAS)

Vous êtes épuisé.

Je sais que vous êtes épuisé.

Le constant changement de stratégie est épuisant.

Les nuits sans sommeil sont sans fin.

Vous marchez sur des œufs chaque jour.

Vous avez l'impression d'être prisonnier dans votre propre maison.

L'anxiété dicte le menu.

Elle dicte le planning.

Elle dicte qui peut dormir où.

Vous regardez votre enfant et ressentez un profond sentiment d'échec.

Arrêtez ce sentiment tout de suite.

C'est un mensonge.

Vous n'échouez pas avec votre enfant.

Vous avez suivi de mauvaises instructions.

On vous a donné des conseils vagues et doux qui semblaient affectueux.

Cependant, ces conseils alimentent secrètement la peur.

Cela nourrit le monstre de l'anxiété.

Nous allons changer complètement la donne.

Nous changeons toute la perspective.

C'est la vérité choquante.

Les parents ne sont pas le problème.

Les parents sont la seule solution.

Laissez cela s'imprégner un moment.

L'enfant ne peut pas résoudre cela seul.

Son cerveau est détourné.

Son système d'alarme neurologique est cassé.

Il envoie constamment de faux signaux de danger.

Il est incapable de lutter logiquement contre cette alarme physique.

Il a besoin d'un leader.

Il a besoin d'un ancre.

Il a besoin d'un coach confiant qui est plus grand que la peur.

C'est vous.

Pourquoi de nombreux thérapeutes ne vous diront-ils pas cela directement ?

Parce que cela semble dur.

Ça semble jugemental.

Ça ressemble à une accusation.

Il ne s'agit pas de culpabilité.

Il s'agit de pouvoir.

Nous devons remettre le pouvoir là où il appartient.

Avec les adultes stables et capables dans la maison.

Pensez à la thérapie standard.

Votre enfant y va une heure par semaine.

Il apprend une technique de respiration.

Il parle de ses sentiments.

Il se sent en sécurité dans un environnement de bureau contrôlé.

Il rentre chez vous.

Il est sous votre responsabilité pendant 167 autres heures cette semaine.

Ce qui se passe dans ces 167 heures détermine tout.

Chaque fois que vous cédez à la peur, l'anxiété apprend.

Elle apprend que l'alarme était réelle.

Elle apprend que si je pleure assez fort, Maman intervient.

Elle apprend que si je refuse d'aller à l'école, je reste en sécurité.

Elle apprend que l'évitement fonctionne.

Cela s'appelle le renforcement.

C'est puissant.

Ça se passe minute par minute.

Ça l'emporte complètement sur l'heure de thérapie.

Vous êtes l'agent de renforcement principal.

Vous êtes l'environnement.

Vos actions quotidiennes sont le traitement.

Les thérapeutes travaillent dur.

Ils essaient de leur mieux.

Mais ils ne peuvent pas changer votre environnement domestique.

Ils ne peuvent pas vous empêcher de répondre à la dixième question de réassurance.

Ils ne peuvent pas vous empêcher d'éliminer la conséquence effrayante.

Vous êtes le seul à pouvoir le faire.

Vous êtes le seul à pouvoir vraiment mettre en œuvre le changement là où cela compte le plus.

Dans le salon.

Dans la voiture.

À la table du dîner.

C'est pourquoi vous êtes le SEUL traitement qui fonctionne vraiment.

Vous êtes parfaitement positionné pour réorganiser le cycle.

Ce livre ne parle pas d'encouragement vague.

Nous n'allons pas nous concentrer sur des livres de coloriage ou des applications de relaxation.

Nous nous concentrons sur l'intervention neurobiologique.

Nous utilisons les principes psychologiques les plus puissants connus de l'homme.

Nous les appliquons à votre parentalité.

Ceci est une thérapie comportementale cognitive dirigée par les parents.

Spécifiquement, la prévention de l'exposition et de la réponse dirigée par les parents.

Nous l'appelons le Plan de Reprise du Salon.

Qu'est-ce que la prévention de l'exposition et de la réponse.

C'est le traitement de référence pour l'anxiété et le trouble obsessionnel-compulsif.

Il a prouvé son efficacité pendant des décennies.

Il implique deux étapes clés.

Exposition.

Faire face au stimulus de peur de front.

Prévention de la réponse.

Bloquer l'évitement et les rituels qui réduisent temporairement l'anxiété.

C'est profondément inconfortable pour l'enfant à court terme.

Mais cela change la vie à long terme.

Pour la plupart des enfants, ils ne peuvent pas le faire seuls.

Ils ont trop peur.

Ils ont besoin d'une énorme quantité d'encouragement et de soutien structurel.

Ils ont besoin que vous soyez la structure.

Ils ont besoin que vous teniez bon quand la peur crie.

Ils ont besoin que vous disiez non, avec douceur mais fermeté, au rituel.

C'est le changement.

Nous déplaçons la cible.

Nous arrêtons de nous concentrer sur les sentiments de l'enfant au moment présent.

Nous commençons à nous concentrer sur la réponse du parent à ces sentiments.

Nous changeons votre comportement en premier.

Le comportement de l'enfant suit.

Vous pourriez penser que cela semble cruel.

C'est le contraire de la cruauté.

C'est l'acte de leadership le plus compatissant que vous puissiez offrir.

La cruauté, c'est permettre à votre enfant de passer sa vie piégé par un monstre.

La compassion, c'est leur donner les outils pour une liberté à vie.

Cela demande de la détermination.

Cela nécessite un inconfort temporaire.

Mais la récompense est un être humain confiant et résilient.

Nous vous enseignons dix hacks spécifiques et puissants.

Ce ne sont pas des suggestions douces.

Ce sont des interventions scriptées et actionnables.

Ils sont conçus pour couper le cycle de l'anxiété à la racine.

Ils sont basés sur la dernière science en matière de traitement de l'anxiété.

Ils sont conçus pour que vous, le parent, puissiez les déployer immédiatement.

Nous commencerons à voir des changements cette semaine.

Nous n'attendons pas six mois.

Nous commençons lundi.

Les Hacks vous apprendront comment parler à votre enfant.

Nous appelons cela le Protocole de Réinitialisation de Langage.

Nous arrêtons d'essayer de rationaliser la peur.

Nous commençons à valider le sentiment sans valider le postulat de la peur.

C'est une différence nuancée mais cruciale.

Nous vous enseignons comment gérer une crise de panique.

Vous deviendrez l'ancre imperturbable.

Votre réponse calme est l'antidote à leur chaos.

Votre stabilité réécrit leur attente de danger.

Nous vous enseignons comment les guider systématiquement à travers la confrontation de leurs peurs.

Ceci est l'Échelle de Peur dirigée par les Parents.

Vous concevez les étapes.

Vous maintenez le rythme.

Vous assurez le succès.

Plus important encore, nous vous enseignons comment bloquer les accommodations.

L'accommodation est l'ennemi silencieux.

Elle ressemble à de l'amour.

Elle semble être un soutien.

C'est la pilule empoisonnée qui maintient l'anxiété en vie.

C'est répondre à la même question inquiétante cinq fois.

C'est les laisser dormir dans votre lit pour éviter un cauchemar.

C'est les conduire à l'école quand ils se sentent mal au lieu de les faire marcher.

Chaque accommodation renforce le chemin neural de la peur.

Nous détruisons ces chemins.

Nous construisons de nouveaux chemins courageux.

Et la seule personne qui peut superviser cette construction, c'est vous.

Certains parents s'inquiètent d'avoir causé l'anxiété.

Est-ce que j'ai fait mon enfant comme ça.

Est-ce que j'ai transféré mes propres inquiétudes.

Peut-être que oui.

Peut-être que non.

La cause est désormais sans importance.

Nous nous concentrons uniquement sur le maintien du cycle.

Vous avez peut-être accidentellement aidé à maintenir le cycle de l'anxiété.

Ce n'est pas grave.

C'était fait par amour.

Vous ne saviez pas mieux.

Maintenant vous savez mieux.

Et savoir mieux vous donne le pouvoir d'agir différemment.

Vous passez du statut d'enabler accidentel à celui de guérisseur délibéré.

Vous passez d'être le problème à être la solution.

Cela nécessite une confiance immense de votre part.

Vous devez adopter l'attitude d'un leader ferme et aimant.

L'enfant vous testera.

Ils argumenteront.

Le monstre de l'anxiété utilisera leur voix pour négocier.

Vous devez rester l'adulte.

Vous devez maintenir la limite.

Vous ne devez jamais montrer de doute quant à leur capacité à surmonter la peur.

Pas même une seconde.

Votre enfant vous observe.

Ils évaluent leur niveau de danger en mesurant votre niveau de confiance.

Si vous avez l'air inquiet, ils supposent que le danger est présent.

Si vous avez l'air calme, stable, et légèrement ennuyé par leur démonstration d'anxiété, ils commencent à se calmer.

Vos indices non verbaux sont plus puissants que n'importe quels mots que vous pouvez prononcer.

Nous vous entraînerons à projeter cette confiance imperturbable.

Ceci n'est pas une suggestion.

C'est une exigence pour réussir.

Ce livre propose un chemin radical.

C'est un amour difficile appliqué avec une précision laser et une profonde compassion.

Cela repose entièrement sur la vérité que vous êtes l'agent de changement le plus puissant dont votre enfant dispose.

Vous avez l'accès.

Vous avez la relation.

Vous avez le contact constant nécessaire pour un remaniement rapide du cerveau.

Ne déléguez pas ce rôle principal.

Possédez-le.

Acceptez-le.

Vous êtes le plan de traitement.

Vous êtes prêt à reprendre votre salon.

Commençons le travail maintenant.

CHAPTER TWO

DÉVOILÉ : COMMENT LE 'BULLY' DE L'ANXIÉTÉ ET LE 'TROLL' DU TOC DÉTOURNENT LE CERVEAU DE VOTRE ENFANT - ET LE MOUVEMENT À O $ QUI COUPE INSTANTANÉMENT LEUR APPROVISIONNEMENT EN OXYGÈNE

Nous commençons aujourd'hui.

Nous devons d'abord identifier l'ennemi.

Il est crucial que vous compreniez cela.

Votre enfant n'est pas le problème.

Votre enfant est simplement pris en otage.

Il est contrôlé par une force puissante et invisible.

Nous devons nommer cette force.

Nous devons exposer ses tactiques.

Cette force est rusée.

Elle utilise votre amour contre vous.

Elle utilise l'inquiétude contre votre enfant.

Elle s'empare de votre maison.

Parlons d'abord du Bully de l'anxiété.

Le Bully vit dans une partie du cerveau appelée l'amygdale.

C'est le détecteur de fumée du cerveau.

Il est censé nous garder en sécurité.

Si une menace réelle apparaît, le Bully crie.

Il déclenche la réponse de lutte ou de fuite.

C'est un mécanisme de survie nécessaire.

Mais pour un enfant anxieux, le Bully crie tout le temps.

Il crie au sujet des devoirs.

Il crie au sujet de sortir de la maison.

Il crie au sujet de dormir seul.

Le Bully est très bruyant.

Il convainc l'enfant que le détecteur de fumée a raison.

Le détecteur de fumée sonne une alarme pour un danger réel.

Le danger semble immédiat et authentique.

Physiquement réel.

Leur cœur s'emballe.

Leur estomac fait mal.

Leurs paumes transpirent.

Ceci n'est pas une exagération dramatique.

C'est une réponse biologique réelle.

Le Bully a physiquement détourné leur système.

Que veut le Bully ?

Il veut une sécurité immédiate.

Il associe la sécurité à fuir.

Il exige l'évitement.

Si le Bully crie au sujet d'aller à l'école, l'enfant évite l'école.

Si le Bully crie au sujet de l'obscurité, l'enfant évite d'éteindre la lumière.

L'évitement est l'arme préférée du Bully.

Lorsque votre enfant évite la chose effrayante, quelque chose se produit immédiatement.

Ils ressentent un soulagement instantané.

Le rythme cardiaque diminue légèrement.

L'estomac se calme.

La peur semble disparaître complètement.

Ce soulagement est momentané.

Mais c'est une récompense psychologique puissante.

Ce soulagement temporaire est l'oxygène que le Bully respire.

Chaque fois qu'un enfant évite quelque chose, le Bully devient plus fort.

Il apprend que ses cris fonctionnent.

Il apprend que s'il crie assez fort, la menace disparaît.

Il n'apprend pas que la menace n'était jamais réelle.

Il apprend que l'évitement a sauvé la situation.

Cela crée le cycle de l'anxiété.

Peur.

Évitement.

Soulagement.

Peur plus forte la prochaine fois.

Le cycle devient une cage.

Votre enfant devient plus petit.

Son monde se rétrécit.

Il commence à éviter de plus en plus de choses.

Vous commencez à les aider à éviter ces choses.

Vous essayez d'être bienveillant.

Vous essayez de réduire leur souffrance.

Mais vous nourrissez accidentellement le Bully.

Vous lui donnez des bouteilles d'oxygène.

Nous devons arrêter de le nourrir immédiatement.

Maintenant, regardons l'autre acteur.

C'est le Troll du TOC.

Le trouble obsessionnel-compulsif est souvent mal compris.

C'est souvent confondu avec une anxiété sévère.

Ils sont cousins, mais ils agissent différemment.

Le Bully crie juste et vous fait fuir.

Le Troll est beaucoup plus insidieux.

Le Troll traite des pensées.

Ce sont des obsessions.

Les obsessions sont des pensées collantes, intrusives et indésirables.

Elles peuvent concerner des germes ou des maladies.

Elles peuvent concerner des choses terribles arrivant aux membres de la famille.

Elles peuvent concerner des choses devant être parfaitement justes ou symétriques.

Ces pensées sont véritablement terrifiantes pour l'enfant.

L'enfant sait souvent que la pensée est folle.

Mais le Troll les fait se sentir totalement responsables.

Si je pense que mes mains sont sales, je dois corriger ce sentiment.

Si je pense que je pourrais avoir blessé quelqu'un, je dois corriger cette pensée.

Le Troll exige une correction.

La correction est la Compulsion.

Voici les rituels.

Laver les mains jusqu'à ce qu'elles saignent.

Vérifier la cuisinière dix fois.

Réorganiser les crayons parfaitement.

Demander à vous, le parent, des assurances constamment.

« La cuisinière est-elle éteinte ? »

« Suis-je une bonne personne ? »

« Es-tu sûr que nous sommes en sécurité ce soir ? »

Le Troll est un maître manipulateur.

Il promet que si le rituel est exécuté parfaitement, la mauvaise pensée s'en ira.

L'anxiété causée par l'obsession disparaîtra complètement.

Tout comme l'évitement, effectuer le rituel apporte un soulagement temporaire.

Ce soulagement est l'oxygène du Troll.

Il rend le rituel nécessaire la prochaine fois.

Le Troll force l'enfant dans cette boucle sans fin d'actions obligatoires.

Il continue à augmenter les enjeux.

Le rituel devient plus long.

Les vérifications se produisent plus souvent.

Le temps passé sur les compulsions consomme leur vie.

C'est la clé de la compréhension que vous devez saisir.

Le Tyran de l'Anxiété veut que vous évitiez complètement une situation.

Restez chez vous et attendez que la menace scolaire soit terminée.

Le Troll du TOC veut que vous fassiez une action dans la situation.

Allez à l'école, mais vérifiez votre casier trois fois de plus d'abord.

Les deux systèmes sont alimentés par une chose dangereuse.

Accommodation.

L'accommodation est tout ce que vous ou votre enfant faites pour empêcher la peur de monter.

Ou tout ce que vous faites pour réduire l'inconfort une fois que la peur a monté.

Courir chez soi à partir de la fête est de l'accommodation.

Les laisser dormir dans votre lit est de l'accommodation.

Répondre à la question de réassurance est de l'accommodation.

Faire le rituel de vérification avec eux est de l'accommodation.

Vous faites tout cela par un amour profond et profond.

Mais cet amour est mal dirigé.

C'est le défaut fatal dans la parentalité douce d'un enfant anxieux.

Vous réduisez leur souffrance en ce moment.

Mais vous garantissez leur souffrance future.

Vous dressez leur cerveau à considérer la peur comme valide.

Vous dressez leur cerveau à croire qu'ils ne peuvent pas tolérer l'inconfort.

Vous donnez au Tyran et au Troll un oxygène sans fin.

Nous coupons l'approvisionnement en oxygène.

C'est le mouvement à 0 $.

Il ne coûte rien d'autre que du courage.

Il nécessite une cohérence radicale.

Il nécessite une confiance inébranlable de votre part.

Ce mouvement s'appelle la Prévention de la Réponse.

Il est aussi appelé Non-Accommodation.

Nous arrêtons tout simplement de répondre aux exigences de la peur.

Nous arrêtons d'effectuer les rituels.

Nous arrêtons d'aider l'enfant à éviter la chose effrayante.

C'est l'outil le plus puissant que vous ayez.

Nous ne pouvons pas vaincre le Tyran ou le Troll tout en les alimentant.

Nous devons les affamer complètement.

Lorsqu'un enfant est exposé à la situation redoutée sans possibilité de l'éviter, quelque chose d'incroyable se produit.

Son anxiété augmente.

Elle monte intensément.

Elle lui semble insupportable.

Cela vous brise le cœur, vous, le parent.

C'est le moment de vérité.

Vous devez tenir bon ici.

Car quelque chose d'autre se passe peu après ce pic.

Le cerveau ne peut pas maintenir ce niveau de panique indéfiniment.

La peur finit par atteindre un sommet.

Et ensuite, elle commence inévitablement à redescendre naturellement.

L'enfant ne s'est pas enfui.

Le rituel n'a pas été effectué.

La réassurance n'a pas été donnée.

Et pourtant, il a survécu.

Ce processus s'appelle l'habituation.

Le cerveau apprend la vraie leçon.

L'alarme était fausse.

Le danger était inexistant.

Je peux tolérer cet inconfort sans le corriger.

C'est comme ça que nous affamons le Tyran.

C'est comme ça que nous vainquons le Troll.

Nous les forçons à rester dans la pièce avec l'inconfort.

Ils doivent rester là jusqu'à ce que la peur descende naturellement.

Nous ne l'apaisons pas avec des mots doux.

Nous n'en parlons pas avec logique.

Nous ne le ritualisons pas avec des compulsions.

Nous laissons simplement la peur suivre son cours.

C'est pourquoi vous êtes la solution.

Un thérapeute ne peut pas être avec votre enfant à 7 heures du matin lorsque le refus scolaire commence.

Un thérapeute ne peut pas être présent lorsque le Troll exige une vérification de réassurance au milieu de la nuit.

Vous êtes le seul à pouvoir appliquer le mouvement à 0 $ de manière cohérente.

Vous êtes le gardien de leur flux d'oxygène.

Si vous continuez à permettre l'évitement, le Tyran gagne à chaque fois.

Si vous continuez à permettre les rituels, le Troll gagne chaque nuit.

Nous ne demandons pas à l'enfant d'être assez fort pour le faire seul.

Nous vous demandons d'être assez fort pour être leur entraîneur.

Vous devez être l'ancre confiante, calme et inébranlable.

Vous devez montrer la force de tolérer le pic d'anxiété.

Lorsque l'enfant voit votre confiance, sa peur diminue considérablement.

Ce processus commence aujourd'hui.

Vous devez vous engager à couper l'oxygène.

Cet engagement doit être absolu et sans compromis.

Il n'y a pas de victoires partielles ici.

Un aménagement partiel est toujours un réservoir d'oxygène pour la peur.

Nous devons arrêter d'utiliser la sortie de secours.

Nous devons désactiver complètement le radeau de sauvetage.

Nous fermons la porte à la peur.

Nous rendons l'inconfort obligatoire pour un court moment.

Cela semble incroyablement dur.

Il semble complètement contre-intuitif à vos instincts naturels.

C'est, cependant, le seul moyen éprouvé de sortir de ce cycle.

C'est la définition la plus vraie de la compassion dans ce contexte.

La véritable compassion signifie favoriser la santé et la liberté à long terme.

Pas un soulagement temporaire et éphémère.

Le tyran de l'anxiété est un lâche.

Le troll du TOC est un menteur compulsif.

Ils ne prospèrent que lorsque vous croyez leur histoire terrifiante.

Vous ne croyez plus leur histoire.

Vous comprenez maintenant leur mécanisme insidieux.

Ils dépendent entièrement d'un soulagement immédiat et facile.

Nous éliminons complètement ce soulagement immédiat et facile.

Nous le remplaçons par un inconfort obligatoire et soutenu.

Cet inconfort est toujours temporaire.

La récompense de cet inconfort est la liberté permanente.

Nous sommes maintenant prêts à installer les premiers hacks puissants.

Ces hacks vous donnent le langage exact pour gérer le pic de peur initial.

Ils vous permettent de rester ferme lorsque le tyran crie à votre visage.

Ils vous apprennent à ignorer calmement les demandes pathétiques du troll.

La bataille commence par la prise de conscience du mécanisme.

Vous avez maintenant cette prise de conscience.

Nous procédons à une action immédiate.

CHAPTER THREE

HACK 1 & 2 : LA TECHNIQUE DE VALIDATION "MIROIR MAGIQUE" - DITES CECI AU LIEU DE 'TOUT IRA BIEN' ET OBSERVEZ LEUR RÉPONSE À LA PEUR DIMINUER DE 60 % (LE PROTOCOLE DE RÉINITIALISATION DU LANGAGE)

Nous commençons par vos mots.

Votre langage est la fondation.

Tout le reste découle de la façon dont vous réagissez sur le moment.

La plupart des parents essaient de rassurer l'enfant.

C'est naturel.

Vous voulez que leur douleur s'arrête.

Vous voulez que la peur disparaisse instantanément.

Alors vous utilisez des mots magiques.

Vous dites : "Tout ira bien."

Vous dites : "Il n'y a rien à craindre."

Vous dites : "J'ai vérifié le four cinq fois."

Ce sont des pilules empoisonnées enveloppées d'amour.

Elles apportent un soulagement immédiat.

Ce soulagement est temporaire.

Il apprend à votre enfant que sa peur est si grande que vous devez la résoudre pour lui.

Il les entraîne à chercher une réassurance de votre part au lieu de gérer le sentiment eux-mêmes.

Cette dépendance doit se terminer aujourd'hui.

Nous remplaçons la réassurance par deux outils puissants.

Le Hack 1 est la validation radicale.

Nous appelons cela la technique du Miroir Magique.

Le Hack 2 est le protocole de réinitialisation du langage.

HACK 1 : Le Miroir Magique.

Lorsque votre enfant panique, son cerveau crie DANGER.

Ils ne sont pas rationnels.

Ils sont bloqués dans leur système de lutte ou de fuite.

Si vous leur dites : "Arrête de t'inquiéter", vous combattez leur réalité.

Cela les fait se sentir mal compris.

Cela augmente le volume de leur peur, au lieu de le baisser.

La validation est simplement le fait de leur renvoyer leur sentiment.

C'est le Miroir Magique.

Vous leur montrez que vous voyez clairement leur douleur.

Vous les rejoignez émotionnellement, mais pas logiquement.

La validation sonne comme ceci.

"Wow, tu te sens tellement incroyablement effrayé en ce moment."

"Je vois des larmes. Cela semble énorme."

"Ton cœur bat la chamade. Ce sentiment est intense."

Remarquez ce qui manque.

Il n'y a pas de "Mais tu es en sécurité."

Il n'y a pas de "Le chien ne va pas te mordre."

Il n'y a pas de "Ce n'est qu'un test."

Vous validez uniquement l'émotion.

Vous validez l'état de ressenti.

Vous ne validez pas la prémisse de la peur.

C'est la différence critique.

Lorsque vous validez le sentiment, vous diminuez la tension émotionnelle.

Ils se sentent entendus.

Le monstre de l'anxiété prospère dans l'isolement.

Il chuchote : "Personne ne comprend à quel point c'est effrayant."

La validation brise immédiatement cet isolement.

Cela leur montre que vous êtes de leur côté.

Cette simple phrase, "Je vois que tu es effrayé", peut réduire leur réponse de peur fondamentale de 60 pour cent.

C'est comme laisser échapper la vapeur d'une cocotte-minute.

La pression est toujours là, mais la crise immédiate est atténuée.

Maintenant, examinons la réassurance.

La réassurance est une compulsion que vous effectuez.

C'est un rituel de vérification mentale pour vous, le parent.

Vous dites : "Es-tu sûr que nous avons verrouillé la porte?"

Vous répondez : "Oui, je l'ai vérifiée quatre fois."

L'enfant se sent mieux pendant 30 secondes.

Ensuite, le troll de l'anxiété exige une autre vérification.

Le cycle des demandes ne se termine jamais.

Vous devez substituer totalement la réassurance.

Au lieu de : "Tu es en sécurité."

Dites : "Je vois que tu ne te sens pas en sécurité en ce moment."

Au lieu de : "Ce n'est qu'une petite araignée."

Dites : "Tu as une réaction de peur très forte face à cette araignée."

Vous parlez le langage de l'émotion.

Vous ne parlez pas le langage de la logique ou des garanties de sécurité.

L'anxiété ne peut pas être raisonnée.

Il doit être éprouvé et traversé.

Votre validation est la poignée de main ferme qui les guide dans l'expérience.

Ce n'est pas le bouclier qui les en empêche.

Le hack 1 est non négociable.

Pratiquez-le cet après-midi.

Au moment où ils montrent de la peur, validez ce sentiment.

Arrêtez immédiatement avant de donner la garantie de sécurité.

Utilisez le Miroir Magique.

Reflétez le sentiment.

Arrêtez de parler.

Attendez leur réponse.

HACK 2 : Le Protocole de Réinitialisation du Langage.

Ce hack sépare l'enfant du problème.

Nous avons appris dans le Chapitre 2 que l'anxiété est un tyran.

Le TOC est un troll exigeant.

Ce sont des entités externes.

Ce n'est pas votre enfant.

Votre enfant est gentil.

Votre enfant est courageux.

Votre enfant est créatif.

La peur est un voisin bruyant essayant de prendre le contrôle de la maison.

Nous devons entraîner notre langage à refléter cette séparation en tout temps.

Quand un enfant dit, "Je ne peux pas faire mes devoirs," il internalise cet échec.

Il croit, "Je suis une personne qui ne peut pas faire ses devoirs."

C'est dévastateur pour son identité.

Lorsque vous utilisez la Réinitialisation du Langage, vous changez le discours.

Vous dites, "Le tyran de l'anxiété veut que tu abandones ces devoirs tout de suite."

Vous changez instantanément le blâme.

L'ennemi est maintenant externe.

L'enfant et le parent sont unis contre le tyran.

C'est transformateur.

Ça leur donne le pouvoir de se défendre.

La lutte n'est pas contre leur propre cerveau en désordre.

La lutte est contre un stupide tyran qui murmure des mensonges.

Cela fonctionne aussi puissamment pour les rituels du TOC.

Si votre enfant vérifie la serrure pour la dixième fois.

Ne dites pas, "Arrête de vérifier la serrure."

Cela ressemble à une attaque contre eux.

Au lieu de cela, utilisez la réinitialisation du langage.

Vous devez vous adresser directement au troll.

Vous dites, "Oh, le troll du TOC exige que tu vérifies cela à nouveau."

"Quel tyran insistants il est."

"Disons au troll, 'Pas aujourd'hui.'"

Vous donnez un nom et une personnalité au troll.

Ce processus s'appelle l'externalisation.

Il permet à l'enfant de prendre du recul par rapport au sentiment intense d'être piégé par son propre esprit.

Il crée la distance nécessaire.

Pensez à votre enfant comme à un brave chevalier.

L'anxiété est un dragon dehors les murs du château.

Si le chevalier croit que le dragon vit en lui, il se sent désespéré.

Si le chevalier voit le dragon dehors, il peut prendre son bouclier.

Vous leur fournissez le bouclier en changeant vos mots.

Voici des scripts spécifiques de Réinitialisation du Langage.

Lorsque l'enfant refuse de la nourriture par peur de s'étouffer.

Ne dites pas : "Manges juste, tu ne t'étoufferas pas." (Rassurance)

Dites : "Ce tyran de la peur te raconte un gros mensonge sur l'étouffement." (Séparation)

Dites : "Nous savons que c'est la voix du tyran." (Identification)

Dites : "Quelle petite bouchée peux-tu prendre pour montrer au tyran que tu es le patron ?" (Action)

Lorsque l'enfant est inquiet à propos des germes ou de la contamination.

Ne dites pas : "Le terrain de jeu est propre." (Rassurance)

Dites : "Ce troll des germes veut que tu croies que tout le parc est sale." (Séparation)

Dites : "Ce troll est vraiment doué pour inventer des histoires." (Identification)

Dites : "Nous allons donner au troll un regard ennuyé et aller nous balancer." (Action)

Le ton est essentiel ici.

Il doit être ludique mais ferme.

Vous transmettez de la confiance face à leur lutte.

Vous ne contestez pas la réalité de leurs sentiments.

Vous contestez la réalité des exigences du tyran.

Cette combinaison de Hack 1 et Hack 2 est votre priorité immédiate.

Vous utilisez la validation en premier.

La peur monte.

Vous utilisez le Miroir Magique.

"Je vois que tu es terrifié à l'idée de quitter la maison."

La peur diminue légèrement car ils se sentent entendus.

Ensuite, vous pivotez immédiatement vers le Hack 2.

"C'est le tyran de l'anxiété qui invente des règles sur notre famille."

"Nous ne laissons pas les tyrans établir les règles de notre famille."

Ce processus en deux étapes réalise plusieurs choses simultanément.

D'abord, il honore leur état émotionnel.

Deuxièmement, il vous empêche de tomber dans le piège de la rassurance.

Troisièmement, il donne à l'enfant une cible tangible pour son combat interne.

Ils luttent contre l'anxiété externalisée.

Ils ne luttent pas contre leur propre valeur.

Une partie clé de la Réinitialisation du Langage est la cohérence.

Si vous êtes le seul à l'appeler un tyran, le système se brise.

Vous devez expliquer ce concept à votre enfant clairement.

Faites-le quand ils sont calmes.

Asseyez-vous et définissez l'ennemi ensemble.

À quoi ressemble le tyran ?

Est-il vert ?

Porte-t-il un chapeau stupide ?

Quel est son mensonge préféré ?

Doter l'anxiété d'une forme concrète ridiculement la rend moins puissante.

Cela la rend enfantine.

Les monstres les plus effrayants sont ceux sans nom dans l'obscurité.

Nous mettons une étiquette et un projecteur sur ce monstre.

Lorsque votre enfant utilise un langage effrayant, vous les redirigez doucement.

S'ils disent, "J'ai peur du noir."

Vous répondez, "C'est le tyran de l'obscurité qui parle. Que veux-tu lui dire ?"

Cela entraîne l'enfant à utiliser eux-mêmes le langage.

Il crée le Bouclier de Résilience dont nous parlerons plus tard.

Ils commencent à dire : "Maman, les pensées d'inquiétude me disent que je dois me laver les mains encore une fois."

C'est une victoire massive.

Ils identifient la menace.

Ils se séparent de la contamination.

Ils te demandent de les coacher contre le harcèlement, pas pour obtenir la permission d'éviter.

C'est le passage de patient à guerrier.

Votre rôle change aussi.

Vous passez de soignant à coach.

Les coaches reconnaissent la douleur.

Les coaches valident l'effort.

Les coaches ne font jamais le travail pour l'athlète.

Les coaches ne sont certainement jamais d'accord avec l'adversaire.

Votre réponse de coach est validation suivie de séparation et d'action.

Validation.

"Je sais à quel point cette peur pèse en ce moment."

Séparation.

"C'est le bully de l'anxiété qui essaie de te convaincre de rester à la maison."

Action.

"Quelle est la plus petite chose que nous pouvons faire maintenant pour rendre le bully furieux ?"

C'est le style de communication central pour le reste de ce programme.

Il peut sembler étrange au début.

Il peut sembler naturel d'arrêter de dire : "Tout ira bien."

Votre enfant peut initialement résister à ce changement de langage.

Ils pourraient dire : "Ce n'est pas le troll, Maman. J'ai vraiment besoin de vérifier la porte."

C'est une résistance du système de peur.

C'est le bully qui essaie de se protéger.

Sois inflexible.

Sois doux mais ferme.

Répond avec plus de validation et de séparation.

"Je comprends que tu ressens comme si c'était vraiment à toi de vérifier."

"C'est à quel point le troll du TOC est sournois. Il te trompe en te faisant croire que c'est ton idée."

"Mais nous savons mieux maintenant. Nous sommes les responsables de la porte, pas le troll."

Tiens bon sur cette ligne.

Le but est de fournir de l'empathie sans donner la récompense de l'évitement ou de la réassurance.

La réassurance est une solution rapide qui perpétue la souffrance à long terme.

La validation est une approche plus difficile et plus lente qui construit la résilience à long terme.

C'est la différence entre donner à une personne affamée un petit morceau de chocolat ou lui apprendre à cultiver.

Nous cultivons la résilience dans votre salon.

Commencez à utiliser la validation du Miroir Magique aujourd'hui.

Commencez à étiqueter le bully immédiatement.

Ce changement simple de langage préparera votre enfant pour les étapes plus importantes à venir.

Les prochaines étapes impliquent de l'action.

L'action est l'exposition.

Le Reset de Langage rend l'exposition possible.

Il crée un ennemi commun que vous pouvez tous deux affronter.

Vous êtes le coach inébranlable qui valide.

Vous êtes prêt pour le prochain mouvement.

Ce prochain mouvement consiste à être le roc pendant la panique réelle.

C'est le Hack 3.

Préparons-nous à ancrer la tempête.

CHAPTER FOUR

HACK 3 & 4 : LA STRATÉGIE 'ANCRE INÉBRANLABLE' : COMMENT ÉTEINDRE UNE CRISE DE PANIQUE COMPLÈTE EN 90 SECONDES... PLUS, LE PLAN POUR L'ÉCHELLE DE PEUR DIRIGÉE PAR LE PARENT (VALEUR : 497 $)

Vous êtes épuisé par le drame.

Chaque parent ayant vu son enfant s'effondrer connaît ce sentiment.

La réponse à la peur frappe comme un tsunami.

Elle est soudaine.

Elle est bruyante.

Elle est terrifiante pour tous ceux qui sont impliqués.

Votre enfant crie qu'il ne peut pas respirer.

Il tremble de manière incontrôlable.

Il est convaincu qu'il est en train de mourir ou de devenir fou.

Votre cœur bat au rythme du sien.

C'est le moment où la plupart des parents échouent à l'épreuve.

Je dis cela avec compassion, pas avec jugement.

Vous échouez à l'épreuve car votre instinct naturel et aimant prend le dessus.

Vous vous dépêchez de régler le problème.

Vous commencez à parler rapidement.

Vous posez une douzaine de questions.

Est-ce que ça va ?

Que s'est-il passé ?

Respire pour moi.

Ralentis.

Arrête de pleurer.

Vous essayez de démonter logiquement la crise de panique en plein milieu d'une tempête chimique.

C'est exactement la mauvaise chose à faire.

Ça se retourne contre vous à chaque fois.

C'est le Hack 3 que nous déployons dans ces 90 secondes critiques.

C'est la Stratégie de l'Ancre Inébranlable.

Ce hack change complètement votre rôle.

Vous arrêtez d'être le médic frénétique essayant d'arrêter l'hémorragie.

Vous devenez le roc immuable au cœur de la tempête.

Le cerveau de votre enfant cherche des points de données.

Il essaie de confirmer si la peur qu'il génère est une vraie peur.

Y a-t-il un tigre dans la pièce ?

Ce danger est-il réel ?

Lorsque vous paniquez, vous confirmez le danger.

Votre voix haute et rapide dit oui, quelque chose ne va pas terriblement.

Votre mouvement précipité dit oui, nous devons fuir immédiatement.

Votre anxiété reflète leur anxiété.

Le système spirale instantanément vers le haut.

Pour éteindre une crise de panique, vous devez présenter un point de données alternatif.

Vous devez devenir la preuve que l'environnement est sûr.

Cela nécessite d'agir.

Cela exige un contrôle physique de votre part.

Lorsque la panique frappe, vous devez faire une pause de deux secondes avant de réagir.

Enracinez vos pieds fermement dans le sol.

Abaissez vos épaules.

Diminuez le volume et la tonalité de votre voix.

C'est non-négociable.

Votre enfant doit entendre une profonde résonance lente de certitude.

Lorsque vous parlez, utilisez le minimum absolu de mots possible.

Ne posez pas de questions.

Ne tentez pas de trouver la cause de la panique.

La cause est sans importance en ce moment.

Le traitement est votre calme.

Voici le script de 90 secondes pour l'Ancre Imperturbable.

Première étape. Abaissez-vous physiquement.

Si votre enfant est par terre, asseyez-vous par terre à proximité.

Ne planez pas au-dessus d'eux.

Cela minimise la perception de la menace.

Deuxième étape. Utilisez une phrase de validation.

Je vois que tu as une attaque de panique.

Je vois que tu as peur.

C'est tout ce que vous dites.

Pas de « Ça va » ou « Tu es en sécurité » pour l'instant.

Juste de la reconnaissance sans drame.

Troisième étape. Énoncez la vérité biologique de manière neutre.

Votre cerveau pense que nous fuyons un ours.

Votre corps travaille dur.

Cela va passer.

Quatrième étape. L'affirmation de l'Ancre.

Je suis juste ici.

Je suis calme.

Je reste ici jusqu'à ce que ce soit fini.

Vous n'avez besoin de rien faire.

Ressentez simplement les émotions.

Ensuite, vous arrêtez de parler.

Le mouvement crucial dans ce hack est le silence qui suit.

Vous attendez.

Vous devenez le témoin silencieux.

Vous ne guidez pas leur respiration.

L'instruction de respirer plus profondément les fait souvent se sentir étouffés.

Vous ne les touchez pas à moins qu'ils ne demandent spécifiquement du réconfort.

Le contact physique pendant la panique peut parfois augmenter la sensation d'être piégé.

Vous restez juste là.

Vous respirez lentement vous-même.

Votre respiration lente est la seule chose qu'ils devraient remarquer.

Leur langage corporel commencera à correspondre au vôtre.

Ils vous regardent.

Vous leur montrez que ce sentiment, cette terreur, est temporaire.

C'est gérable.

Ce n'est pas une urgence pour vous.

Donc, ce n'est pas une urgence fatale pour eux.

Ce calme solide est une forme d'exposition thérapeutique en soi.

Ils sont exposés au sentiment de panique.

Ils sont exposés à l'envie de s'échapper.

Mais ils ne peuvent pas échapper car vous, l'ancre, ne bougez pas.

Ils apprennent à ce moment qu'ils peuvent survivre à ce sentiment.

Ils l'apprennent en observant votre absence totale de réaction.

Rappelez-vous que l'objectif n'est pas d'arrêter la panique immédiatement.

L'objectif est de leur montrer qu'ils sont en sécurité même pendant que la panique se produit.

Cela réduit la panique secondaire, la peur de la peur elle-même.

Le Hack 3 prépare le terrain pour le Hack 4.

Le Hack 4 est l'Échelle de Peur Dirigée par le Parent.

Nous avons passé les derniers chapitres à parler d'éviter l'évitement.

Nous savons que l'évitement est la source d'alimentation de l'anxiété.

Chaque fois que votre enfant évite quelque chose de terrifiant, le monstre de l'anxiété devient plus fort.

Si nous voulons vaincre l'intimidateur, nous devons l'affronter.

Nous le faisons de manière systématique.

Nous ne les jetons pas dans le grand bain.

Nous utilisons l'Échelle de Peur.

Ce plan est souvent appelé une Hiérarchie d'Exposition en thérapie.

C'est l'outil le plus puissant dans le traitement cognitivo-comportemental de l'anxiété et du TOC.

Et le parent doit être l'architecte principal.

Si vous laissez cela à l'enfant, il rendra soit les étapes trop faciles, soit trop impossibles.

Nous avons besoin d'expositions de type "Goldilocks".

Juste ce qu'il faut.

L'Échelle de Peur prend une peur massive et écrasante et la décompose en étapes digestes et réalisables.

Pensez-y comme escalader un gratte-ciel.

Vous ne sautez pas du rez-de-chaussée au centième étage.

Vous prenez l'ascenseur un étage à la fois.

Ce processus structuré élimine l'imprévisibilité de l'exposition.

L'anxiété déteste la prévisibilité.

Elle prospère dans le chaos de l'inconnu.

Nous enlevons ce pouvoir.

La première étape pour construire l'échelle consiste à identifier l'objectif.

Quelle est la chose la plus importante que le troll de l'anxiété ou du TOC exige ou évite.

Est-ce dormir seul.

Est-ce toucher certaines surfaces.

Est-ce aller à l'école.

Est-ce la séparation d'avec vous.

Utilisons l'anxiété de séparation comme exemple.

L'objectif ultime, le sommet de l'échelle, est 100 sur l'échelle de peur.

C'est-à-dire, passer la nuit chez Grand-Mère sans que vous soyez à proximité.

C'est le plongeoir de haut vol.

Nous commençons à la piscine pour enfants.

Vous devez lister dix à quinze étapes menant à cet objectif.

C'est une session de brainstorming pour vous, le parent.

Ne faites pas encore participer l'enfant à la création.

Vous êtes l'entraîneur qui écrit les stratégies.

Vous utilisez une Échelle des Unités Subjectives de Détresse, ou SUDS, pour évaluer chaque étape.

Zero signifie pas d'anxiété.

Cent signifie panique à plein régime.

Vos premières expositions devraient être notées entre 20 et 30.

Il doit être inconfortable, mais réalisable.

Pour l'anxiété de séparation, une étape 20 pourrait être Maman se tenant devant la porte de la chambre pendant cinq minutes pendant que l'enfant joue seul à l'intérieur.

Une étape 30 pourrait être Maman assise dans la voiture devant la maison pendant dix minutes pendant que l'enfant reste à l'intérieur avec la garde.

Une étape 50 est Maman qui fait une petite course pendant 30 minutes.

Une étape 70 est Maman partie pendant deux heures au cinéma.

Vous écrivez chaque étape.

Vous créez une feuille de route visuelle.

L'enfant a besoin de voir où il va.

Cette transparence renforce la confiance dans votre processus.

Une fois l'échelle construite, vous la présentez à votre enfant non pas comme une punition, mais comme une carte vers la liberté.

Vous l'encadrez en utilisant le langage du Hack 2.

Nous allons rendre le monstre de l'anxiété très ennuyé.

Nous allons apprendre au harceleur que nous sommes les patrons maintenant.

Nous allons gravir cette échelle ensemble.

La deuxième partie du Hack 4 est la règle d'exécution cruciale.

La règle est le choix dans la structure.

L'enfant ne choisit pas si nous faisons une exposition aujourd'hui.

Il choisit quelle exposition nous faisons aujourd'hui.

Cela lui donne un sentiment d'autonomie.

Ils choisissent le combat, sans que cela leur soit complètement imposé.

Vous leur dites que nous devons faire un pas sur l'échelle aujourd'hui.

Voulez-vous faire le pas deux ou le pas trois ?

Nous ne faisons pas marche arrière.

Nous ne faisons que monter.

Une fois que vous vous engagez dans un pas, il y a deux règles d'or.

Règle un. Pas de réassurance pendant l'exposition.

Nous avons déjà couvert cela en détail.

L'enfant doit rester dans la peur sans être sauvé par vos mots.

Règle deux. L'exposition est non négociable une fois qu'elle commence.

Vous ne pouvez pas les laisser abandonner en cours de route.

Si le pas est de rester dans la voiture seul pendant dix minutes, vous restez dehors ces dix minutes.

Même s'ils pleurent à la septième minute.

Si vous cédez, vous leur apprenez qu'en pleurant plus fort, ils peuvent s'échapper.

Vous enseignez au monstre de l'anxiété que s'il se bat assez fort, il gagne.

Nous ne pouvons pas nous permettre cette perte.

C'est là que l'Ancre Impassible entre en jeu.

Vous dirigez l'échelle.

Vous êtes celui qui fixe la limite de temps.

Lorsque l'anxiété monte pendant l'exposition, vous restez calme.

Vous utilisez la même voix lente et calme.

Je vois que vous avez peur en ce moment.

Nous avons encore trois minutes sur ce pas.

Nous restons forts.

Ensuite, vous revenez au silence.

L'exposition n'est réussie que lorsque l'enfant reste dans la situation suffisamment longtemps pour que l'anxiété s'atténue naturellement.

Nous appelons cela l'habituation.

C'est le secret de la rééducation du cerveau que nous couvrirons entièrement dans le prochain chapitre.

Mais pour l'instant, comprenez le résultat pratique.

Si le niveau de peur commence à 30, nous devons y rester jusqu'à ce qu'il tombe en dessous de 15.

C'est la preuve que le cerveau s'adapte.

C'est la preuve que le circuit de la peur se brise.

Votre travail en tant qu'entraîneur est de vous assurer qu'ils complètent la durée de la tâche, quel que soit le coût en inconfort temporaire.

Rappelez-vous, vous donnez la priorité à la liberté émotionnelle à long terme plutôt qu'à la paix à court terme.

Ceci est un plan de bataille professionnel.

Il est systématique.

Il est dirigé par les parents.

Il est structuré.

L'Échelle de la Peur est le chemin vers l'évitement.

L'Ancre Impassible est l'état d'esprit qui rend l'ascension possible.

Vous fournissez la sécurité.

Ils fournissent l'effort.

Vous êtes prêt à tracer l'ascension de votre enfant vers la résilience.

Vous êtes la solution.

CHAPTER FIVE

HACK 5 & 6 : LE SECRET DE RÉÉDUCATION DU CERVEAU DE 7 MINUTES - COMMENT FORCER LE CIRCUIT DE L'ANXIÉTÉ À S'AUTO-DÉTRUIRE... ET LES 3 SCRIPTS POUR BLOQUER LES RITUELS COMPULSIFS SANS COMMENCER UNE GUERRE

C'est là que le véritable pouvoir commence.

Nous avons géré le langage.

Nous avons géré votre calme.

Nous avons créé la feuille de route pour la peur.

Maintenant, nous devons exécuter la science.

Nous allons apprendre au cerveau de votre enfant à s'auto-détruire le circuit de la peur.

C'est le Hack 5.

Le Hack 5 s'appelle Habituation.

C'est le concept le plus critique dans le traitement de l'anxiété.

Ça a l'air complexe.

C'est incroyablement simple.

C'est le Secret de Rééducation du Cerveau de 7 Minutes.

Pensez à une odeur.

Lorsque vous entrez dans une boulangerie, l'odeur du pain frais est écrasante.

C'est fort.

Vos sens sont inondés.

Après cinq minutes à l'intérieur, que se passe-t-il ?

L'odeur s'estompe.

Vous ne la remarquez plus.

Elle est toujours là, mais votre cerveau a décidé que ce n'était pas une menace.

Votre cerveau a décidé que ce n'était pas une nouvelle information.

Il s'est habitué.

La même chose se produit avec la peur.

L'anxiété est un sentiment de menace.

C'est une énorme montée d'adrénaline.

C'est une alarme incendie qui se déclenche dans le cerveau.

C'est bruyant.

C'est terrifiant.

Cela exige une attention immédiate.

Lorsque votre enfant commence une tâche d'exposition, ou lorsqu'il fait face à une peur qu'il évite habituellement, l'alarme retentit.

Elle sonne instantanément.

Leur score d'anxiété s'envole à 9 ou 10.

C'est insupportable.

C'est le moment de vérité.

La réaction naturelle et paniquée est de fuir.

L'enfant veut s'échapper de la boulangerie.

Il veut quitter la pièce.

Il veut se laver les mains immédiatement.

Il veut vérifier la serrure encore une fois.

Il veut le soulagement.

Ce soulagement s'appelle l'évitement.

L'évitement fait baisser instantanément le score d'anxiété à 2.

Le cerveau apprend une leçon dangereuse à ce moment-là.

Il apprend : "Mon système d'alarme m'a sauvé."

Il apprend : "La peur était réelle, et échapper était nécessaire."

Le circuit de la peur devient plus fort.

Regardons maintenant l'habituation.

Vous maintenez votre enfant dans la situation de peur.

Vous utilisez le Hack 3, L'Ancre Imperturbable, pour rester complètement calme.

Vous tenez bon.

Votre enfant est en détresse.

Il crie.

Il craque.

Mais vous ne les laissez pas éviter.

Vous les gardez dans la boulangerie.

Le pic d'adrénaline est conçu pour être temporaire.

C'est un état épuisant pour le corps.

Il ne peut pas être maintenu longtemps.

Le corps finit simplement par manquer de carburant pour cette panique intense.

Si votre enfant reste dans cette zone de peur de 9/10, sans fuir ni chercher un rituel, son cerveau réalise quelque chose de profond.

Il réalise : "Le signal de danger est faux."

Il réalise : "Je suis toujours là. Je suis en sécurité. Je ne suis pas mort."

C'est le secret des 7 minutes.

Pour la plupart des enfants, le pic de terreur initial atteint son apogée et commence à descendre en 7 à 10 minutes.

Il peut parfois falloir plus de temps.

Mais la baisse est garantie.

Le seul moyen d'arrêter la baisse est de quitter la situation ou d'effectuer un rituel.

Nous enseignons au cerveau à voir la fausse alarme jusqu'à la fin.

L'anxiété diminue naturellement.

L'enfant éprouve un soulagement non pas parce qu'il a fui, mais parce qu'il a tenu bon.

Il a tenu sa position.

C'est ainsi que le circuit de l'anxiété s'auto-détruit.

Il se prive du gain.

Le gain est le soulagement de l'évitement.

Votre rôle en tant que parent est de surveiller l'horloge.

Vous êtes le gardien du temps.

Quand ils crient à propos du dessin d'araignée, ou de la poignée de porte sale, ou de la pensée d'une catastrophe.

Vous regardez l'horloge.

Vous dites : "Je vois que le Monstre te rend très triste. Nous restons ici jusqu'à ce que le Monstre s'ennuie."

Ensuite, vous attendez 7 minutes.

Vous n'intervenez pas avec le contenu de la peur.

Vous n'intervenez qu'avec le courage.

Lorsqu'ils ressentent la première baisse d'anxiété, même de 9 à 8, c'est la preuve chimique de sécurité.

Vous renforcez ce moment.

"As-tu ressenti ce petit changement ? C'était ton courage qui gagnait."

C'est le mécanisme fondamental de la thérapie d'exposition.

Nous utilisons la capacité naturelle du cerveau à s'adapter.

Si il est exposé à quelque chose de terrifiant et que rien de mauvais ne se produit, le cerveau finit par étiqueter cette chose comme étant sûre.

C'est l'outil le plus puissant que vous possédez.

Mais cela nécessite de la fermeté.

Il faut garder votre enfant dans l'inconfort assez longtemps pour que la magie des 7 minutes passe.

Cela nous amène directement au Hack 6.

Nous devons bloquer agressivement le mécanisme d'évitement.

Quand l'anxiété est présente, l'évitement ressemble à fuir un chien.

Quand le TOC est présent, l'évitement ressemble à réaliser un rituel compulsif.

Le Hack 6 est le Blocage de Rituel.

Si le Hack 5 est la théorie de l'endurance, le Hack 6 est la guerre pratique contre le Troll.

Rappelez-vous la différence.

L'anxiété est le sentiment.

Le Harceleur exige que vous évitiez des choses comme les fêtes ou les foules.

Le TOC est le cycle.

Le Troll force une obsession, une pensée terrifiante.

Ensuite, il exige un rituel, une action compulsive, pour neutraliser temporairement la terreur.

Laver les mains 10 fois est le rituel.

Vérifier la cuisinière 4 fois est le rituel.

Demander : "Es-tu sûr que je ne vais pas tomber malade ?" trois fois est le rituel.

Ces rituels sont la source d'oxygène pour le Troll du TOC.

Si vous laissez votre enfant effectuer le rituel, vous venez de donner du pouvoir au Troll.

La peur diminue temporairement.

Le circuit se renforce définitivement.

Vous devez bloquer le rituel à chaque fois.

Cent pour cent du temps.

Pas d'exceptions.

Une seule exception enseigne au cerveau que s'il lutte suffisamment, le rituel se produira.

C'est la partie la plus difficile pour la plupart des parents.

Ça semble cruel.

Ça semble contre-intuitif.

Vous bloquez leur seule source de soulagement perçue.

Vous devez vous rappeler que vous bloquez un comportement.

Vous ne bloquez pas leurs sentiments.

Vous validez la détresse.

Vous bloquez la compulsivité.

Comment bloquez-vous un rituel compulsif sans commencer une guerre ?

Cela nécessite préparation et trois scripts spécifiques.

Script 1 : La Reconnaissance et la Déviation (Pour la Recherche de Réassurance).

La recherche de réassurance est le rituel le plus courant et le plus dommageable.

C'est le questionnement obsessionnel.

"La porte est-elle verrouillée ?"

"Es-tu sûr que le chat va bien ?"

"Est-ce que j'ai bien terminé mes devoirs ?"

"Est-il garanti que nous ne crasherons pas la voiture ?"

Votre instinct parental naturel est de répondre à la question.

Vous voulez les apaiser.

Vous devez résister complètement à cette envie.

Répondre à la question revient à réaliser le rituel pour eux.

Vous êtes leur complice.

Au lieu de cela, utilisez ce script.

Enfant : "Maman, ai-je verrouillé la porte d'entrée ? Je dois vérifier à nouveau."

Parent : "J'entends le Troll te faire sentir que tu dois vérifier cette porte."

Parent : "Je sais que ce sentiment est puissant en ce moment."

Parent : "Nous avons déjà établi que vérifier est le travail du Troll."

Parent : "Je ne vais pas aider le Troll aujourd'hui."

Parent: "Votre travail est de ressentir ce sentiment d'anxiété et de vous souvenir que nous faisons Hack 5."

Parent: "Allons plutôt lire un livre ensemble."

Vous validez le sentiment.

Vous identifiez la source (le Troll ou le Monstre).

Vous refusez explicitement le rituel.

Vous proposez une redirection vers une activité sans anxiété.

Vous devez être comme un disque rayé.

Ils demanderont à nouveau.

Vous donnerez exactement la même réponse.

Sois patient, mais inflexible.

Script 2 : Le refus doux mais ferme (pour les rituels physiques).

Cela s'applique au lavage des mains, au fait de toucher des choses plusieurs fois, à l'arrangement excessif ou à la répétition de phrases.

Ceux-ci sont souvent plus visibles.

Ils sont plus faciles à bloquer, mais la crise qui en résulte est souvent plus intense.

Exemple : Un enfant insiste pour se laver les mains pendant trois minutes après avoir touché une télécommande.

Parent : "Je vois que tu es inquiet à propos de la télécommande."

Parent : "Nous nous lavons les mains pendant 30 secondes aujourd'hui."

Enfant : "Non ! J'ai besoin de plus de temps ! C'est encore sale !"

Parent : "Je sais que le Troll te dit cela."

Parent : "Nous avons terminé de nous laver les mains pour l’instant."

Parent : (Redirigeant physiquement mais doucement l'enfant loin de l'évier).

Parent : "Je suis en charge des règles de lavage des mains."

Parent : "Tu es en charge de pratiquer ton courage."

Vous établissez la règle fermement.

Vous reconnaissez leur détresse intérieure ("Je sais que le Troll te dit cela").

Vous fixez la limite immédiate.

Vous bloquez physiquement la compulsion si nécessaire, sans être agressif.

Votre ton doit rester absolument calme.

Ceci modélise Hack 3.

Si le rituel implique un agencement extrême ou une organisation, vous pourriez dire : "Je suis désolé, mais le Troll ne peut pas dicter comment nos jouets sont alignés."

Vous devez tolérer intentionnellement le désordre ou ce qui est perçu comme un problème.

L'enfant doit éprouver la montée de l'anxiété causée par le rituel inachevé.

Ensuite, il doit voir que rien de mauvais n'arrive.

Ceci est Hack 5 en action.

Script 3 : Le délai basé sur le temps (La stratégie de compromis).

Parfois, un blocage total et immédiat conduit à la violence ou à une détresse extrême qui est accablante pour le parent à gérer au début.

Ce script est un délai stratégique.

Il est particulièrement utile pour les rituels de vérification ou les compulsions organisationnelles mineures.

Le délai n'est pas un déni, mais il brise la boucle de rétroaction immédiate et addictive du rituel.

Enfant : "Je dois retourner à l'intérieur et vérifier le poêle tout de suite."

Parent : "La vérification du poêle arrive."

Parent : "Le Troll doit attendre 10 minutes d'abord."

Parent : "Nous faisons le tour de la pâté de maisons deux fois, et ensuite nous parlerons du poêle."

L'objectif est d'introduire un intervalle entre la montée de l'anxiété et le comportement de soulagement.

Si l'enfant accepte le délai, l'anxiété commence naturellement à diminuer pendant ces 10 minutes (Hack 5).

Lorsque les 10 minutes sont écoulées, le parent dit alors : "D'accord, le temps est écoulé. À quel point l'inquiétude est-elle maintenant ?"

Souvent, l'anxiété a chuté d'un 9 à un 6 ou 7.

Ensuite, le parent dit : "Super. Tu viens de prouver que tu n'as pas besoin de vérifier. Tu as battu le Troll pendant 10 minutes. Double ce temps."

Si l'enfant ne peut pas attendre 10 minutes, vous pouvez commencer avec 3 minutes.

La clé est une augmentation progressive.

Vous exigez qu'ils tolèrent l'élan de panique initial sans la solution rapide habituelle.

Tout ce processus de blocage de rituel est l'opposé de permettre.

C'est défier directement le Troll.

C'est compatissant.

C'est confiant.

C'est le seul moyen de prouver au cerveau de votre enfant que le rituel n'est pas une nécessité pour la sécurité.

C'est seulement un médicament temporaire pour l'anxiété.

Nous détoxifions le cerveau de ce médicament.

Ces deux hacks, l'Habituation et le Blocage de Rituel, sont le cœur du traitement.

Hack 5 est le mécanisme de changement.

Hack 6 est l'application du changement.

Vous devez vous imposer.

Vous devez être l'autorité sur la sécurité.

Vous êtes maintenant le patron des rituels.

Vous verrez une résistance majeure au début.

Ceci est une preuve que les hacks fonctionnent.

Vous affamez le Monstre.

Il fait une crise parce qu'il perd son approvisionnement alimentaire.

Maintenez la ligne.

Rappelez-vous le secret des 7 minutes.

Le soulagement arrive, mais seulement après qu'ils aient enduré le pic.

CHAPTER SIX

HACK 7 & 8 : LE PIÈGE DE RÉASSURANCE - POURQUOI 'ES-TU SÛR QUE NOUS SOMMES EN SÉCURITÉ?' EST UNE PILULE EMPOISONNÉE... DE PLUS, LES 4 RÈGLES NON NÉGOCIABLES QUI EMPÊCHENT L'ANXIÉTÉ DE DICTER L'EMPLOI DU TEMPS DE VOTRE FAMILLE

C'est le hack le plus dangereux.

C'est dangereux parce que cela semble faux.

Il vous demande de faire l'inverse de ce que chaque instinct parental vous dit de faire.

Il vous demande de refuser le réconfort.

Il vous demande de nier la paix.

Mais cette paix est fausse.

Ce réconfort est un mensonge.

Nous parlons de Hack 7.

C'est le PIÈGE de Réassurance.

La réassurance est la pilule empoisonnée de la parentalité face à l'anxiété.

C'est subtil.

Cela ressemble à de l'amour.

Cela sonne comme de la responsabilité.

Votre enfant vous pose une question.

Es-tu sûr que le poêle est éteint.

As-tu verrouillé la porte de la voiture.

Cette douleur de tête est-elle un cancer.

Cette tache sur ma chemise est-elle permanente.

Le chien du voisin est-il en sécurité.

Votre réponse automatique, aimante et protectrice est toujours Oui.

Bien sûr, chéri.

Je l'ai vérifié deux fois.

Tout va bien.

Votre enfant ressent un soulagement immédiat.

Ils expirent.

Vous expirez.

Le moment est passé.

Mais le tyran de l'anxiété vient de remporter une bataille majeure.

La réassurance n'est pas une solution.

C'est une contrainte déguisée en question.

Elle fonctionne exactement de la même manière que vérifier le poêle dix fois ou se laver les mains jusqu'à ce qu'elles se craquellent.

C'est un rituel.

L'enfant ressent un choc d'incertitude ou de peur.

Ils effectuent un rituel.

Le rituel fournit un sentiment temporaire de contrôle ou de sécurité.

Ce sentiment temporaire renforce la croyance que la peur était réelle.

Il prouve que le rituel les a sauvés.

Te demander une confirmation de sécurité est leur rituel.

Ta réponse est leur filet de sécurité temporaire.

Tu entraînes leur cerveau à croire qu'ils ne peuvent pas tolérer l'incertitude.

Tu entraînes leur cerveau à croire que tu es la seule source de sécurité.

C'est un cycle désastreux pour l'indépendance.

C'est un cycle implacable pour les parents.

Tu ne peux pas garantir la sécurité vingt-quatre heures sur vingt-quatre.

Tu ne peux pas devenir un surveillant de sécurité humain.

Nous devons couper l'approvisionnement en oxygène du Tyran de la Réassurance.

Nous devons arrêter de répondre à la question.

Cela ne signifie pas que tu es froid.

Cela signifie que tu es sûr de toi.

Cela signifie que tu transfères la responsabilité de tolérer l'incertitude à l'enfant.

Ils doivent apprendre que le sentiment de besoin de certitude est temporaire.

Ils doivent apprendre qu'ils peuvent gérer la détresse qui vient de l'ignorance.

C'est la pierre angulaire de la thérapie cognitivo-comportementale.

Le parent doit cesser d'accommoder la peur.

Alors, comment arrêtons-nous le piège de la réassurance ?

Nous utilisons des scripts de déviation.

Ces scripts doivent être mémorisés.

Ils doivent être livrés avec l'énergie calme et imperturbable du Hack 3.

Tu n'es pas agacé.

Tu énonces simplement un fait.

Tu es un disque rayé de non-réassurance.

Tout d'abord, identifie la question comme une demande d'anxiété.

Une question est une demande d'anxiété si elle a été posée auparavant.

Une question est une demande d'anxiété si elle te demande de garantir un résultat futur.

Une question est une demande d'anxiété si elle te demande de vérifier quelque chose qui est à faible risque.

Lorsque la demande arrive, tu pivotes immédiatement.

Tu n'engages pas le contenu.

Tu engages la peur sous-jacente.

Examinons quelques exemples des scripts que tu dois utiliser.

L'enfant demande, Maman, es-tu sûre que la lumière de la voiture était verte.

Tu réponds, Cela ressemble au Tyran de l'Anxiété qui cherche un en-cas.

L'enfant demande, Je pense que j'ai entendu un bruit. Tout le monde est en sécurité dans cette maison.

Tu réponds, Je vois que le monstre de la peur essaie de me faire faire son travail.

L'enfant demande, Je me sens mal. Est-ce que cela va être sérieux.

Tu réponds, C'est une sensation difficile. Tu peux gérer ce sentiment sans vérifier.

La clé est la répétition et la simplicité.

Tu utilises les scripts pour rediriger leur attention loin du contenu de la peur et vers le mécanisme de la peur.

Tu ne dismisses pas leur sentiment.

Tu valides leur effort pour effectuer un rituel.

Le Hack 1 nous a dit de valider l'émotion.

Je vois que tu es effrayé.

Je sais que tu es inquiet.

Ensuite, nous appliquons le Hack 7.

Je sais que tu es inquiet, mais je ne vais pas donner au monstre de l'inquiétude la réponse qu'il veut.

C'est ainsi que tu fusionnes les hacks.

C'est une validation aimante suivie d'une mise en place de limites fermes.

L'enfant va résister.

Ils vont escalader.

Ils sont habitués au soulagement rapide.

Ils vont essayer plus fort pour te faire craquer.

C'est normal.

C'est le pic d'extinction.

Tu dois tenir bon.

Tu dois être l'Ancre.

Si tu cèdes après quarante minutes de pleurs, tu leur as appris une terrible leçon.

Tu leur as appris que quarante minutes d'escalade leur donnent la réponse.

Tu dois couper cela rapidement.

L'approche du disque rayé fonctionne le mieux.

Je t'ai déjà dit que je ne discute pas cela avec le Tyran.

Je t'aime.

J'en ai fini de parler de ça.

Va dessiner une image du Tyran à la place.

Ou, Voici une bonne pour les enfants plus âgés.

Quand ils demandent, Ai-je verrouillé la porte.

Tu réponds, Que dit le Troll de l'Anxiété que je devrais faire.

Ils disent, Dis-moi que tu l'as verrouillée.

Tu dis, Exactement. Et que sommes-nous censés dire au Troll.

Ils disent, D'arrêter de demander.

Tu dis, Exactement.

Tu les forces à pratiquer leurs compétences d'adaptation en utilisant ta déviation comme déclencheur.

Tu transfères le dialogue interne de Parent-à-Enfant à Enfant-à-Anxiété.

C'est une libération puissante pour toi et pour eux.

Maintenant, nous passons au Hack 8.

Le Hack 8 est l'Établissement de Limites Confidentes.

Si le Hack 7 concerne les interactions microscopiques, le Hack 8 concerne la structure macro de la vie familiale.

L'anxiété est un expert en négociation.

Elle exige des accommodations.

Elle cherche à réduire le monde de la famille jusqu'à ce qu'il soit minuscule et contrôlable.

Si tu laisses le monstre de l'anxiété dicter ton emploi du temps, tu ne vis pas.

Tu survives à ses ordres.

Le but de ce hack est d'installer quatre règles non négociables.

Ces règles fonctionnent comme des étoiles fixes dans le ciel nocturne.

Ils sont stables.

Ils ne bougent pas.

Ils fournissent de la sécurité non pas parce qu'ils garantissent des résultats, mais parce qu'ils garantissent la prévisibilité.

La règle 1 est Personne d'autre ne fait le rituel.

C'est une question d'empêcher les membres de la famille de favoriser le cycle.

Si ton enfant a une TOC de contamination, d'autres membres de la famille peuvent commencer à nettoyer pour lui.

Si votre enfant a de l'anxiété de séparation, l'autre parent pourrait éviter la soirée en amoureux.

Si votre enfant est un vérificateur, ses frères et sœurs pourraient commencer à vérifier des choses et à faire des rapports.

Ceci est un accommodement.

C'est dangereux.

La règle est simple.

Nous vous aidons à combattre le monstre.

Nous n'allons pas aider le monstre à vous combattre.

Chaque membre de la famille doit être d'accord avec cette règle.

Si votre conjoint reprend le rituel, il annule votre travail acharné.

Si Mamie vérifie les prises électriques lors de sa visite, elle nourrit l'intimidateur.

Votre rôle en tant que parent-leader de traitement est d'appliquer cette règle dans tous les domaines.

La règle 2 est L'anxiété ne doit pas annuler les plans.

Il s'agit de prévenir l'évitement.

L'évitement est le mécanisme central de maintien de l'anxiété.

Si votre enfant anxieux à propos d'une pièce de théâtre scolaire, d'une sortie ou d'une nuitée, la tentation est de le laisser passer.

Cela semble gentil.

Cela semble doux.

C'est mortel pour la guérison.

Lorsque vous permettez l'évitement, vous confirmez le danger.

Vous enseignez au cerveau que la situation était en effet trop risquée.

La règle stipule que, à moins que l'enfant n'ait une forte fièvre ou un os cassé, le plan se poursuit comme prévu.

Nous pouvons avancer en ayant peur.

Nous pouvons avancer en pleurant.

Mais nous avançons.

Votre travail est d'être le copilote confiant.

Je sais que c'est dur.

Nous y allons quand même.

Vous êtes assez fort pour avoir peur et participer quand même.

Cela doit être non négociable.

La règle 3 est Le sommeil se passe dans votre lit.

Cette limite est cruciale pour de nombreuses familles luttant contre l'anxiété de séparation ou la peur du noir.

L'enfant exige souvent de dormir avec ses parents.

C'est un puissant accommodement qui détruit la qualité du sommeil et l'intimité parentale.

Si l'anxiété dicte vos arrangements de sommeil, elle a pris trop de territoire.

La règle est gravée dans la pierre.

Une fois que l'enfant est assez vieux pour dormir de manière indépendante, c'est là où il dort.

s'il entre dans votre chambre au milieu de la nuit, vous avez une réponse spécifique, écrite.

Je t'aime.

Je sais que tu as peur.

Tu peux gérer ta peur.

Il est temps de retourner dans ton propre lit.

Vous les ramenez doucement.

Vous ne vous disputez pas.

Vous ne faites pas de discours.

Vous ne vous laissez pas entraîner dans le piège de la réassurance.

s'ils continuent de revenir, vous les ramenez calmement chaque fois jusqu'à ce qu'ils restent.

Cela pourrait signifier trois nuits sans sommeil pour vous.

Mais ces trois nuits achètent des années de paix et d'indépendance plus tard.

C'est un investissement.

La règle 4 est Pas de questions répétitives après une réponse claire.

Cela se rattache directement au Hack 7 mais le solidifie comme une règle familiale structurelle.

L'enfant anxieux peut poser la même question cinq fois en cinq minutes.

Nous avons déjà établi que vous arrêtiez de répondre au contenu.

La règle de la limite stipule qu'après l'utilisation du script de déviation une fois, la conversation est close.

Si l'enfant continue à insister, une conséquence doit suivre.

Ceci n'est pas une punition.

C'est le retrait nécessaire de l'attention ou du privilège qui permet le cycle.

Exemple.

L'enfant demande une réassurance pour la cinquième fois pendant que vous lisez un livre ensemble.

Vous utilisez le script de déviation.

Je ne parle pas à l'intimidateur.

L'enfant redemande immédiatement.

Vous le regardez dans les yeux, calmement.

Je t'ai déjà répondu.

Je ne vais pas reparler de ça.

Si tu demandes encore, notre temps de lecture se termine pour la nuit.

s'ils demandent une septième fois, vous fermez immédiatement le livre.

Vous restez calme.

Vous retirez l'attention souhaitée.

Vous dites : Je vois que tu as choisi de demander à nouveau.

Le temps de lecture est terminé.

Nous pouvons réessayer demain quand l'intimidateur reste silencieux.

C'est incroyablement difficile.

Cela apportera des larmes.

Cela apportera de la colère.

Mais vous êtes le leader de la famille.

Vous établissez la structure.

Vous êtes l'entraîneur confiant.

Vous leur enseignez que l'anxiété ne devrait pas diriger la maison.

Elle a le droit d'exister.

Elle n'a pas le droit de contrôler.

En établissant ces quatre limites non négociables, vous récupérez d'immenses quantités de territoire familial.

Vous récupérez votre paix.

Vous récupérez votre droit à une vie non dictée par la peur.

Cette action est une thérapie.

C'est ainsi que vous gagnez.

CHAPTER SEVEN

HACK 9 : LE PROTOCOLE 'PAS DE SABOTAGE' - COMMENT FAIRE EN SORTE QUE LES FRÈRES ET SŒURS, LES GRANDS-PARENTS ET LES ENSEIGNANTS APPLIQUENT VOTRE PLAN (EMPÊCHEZ LES RÉPONSES INCOHÉRENTES DE PERTURBER 6 SEMAINES DE PROGRÈS)

Vous faites des progrès considérables.

Vous bloquez les rituels à la maison.

Vous utilisez les scripts de validation.

Vous êtes l'ancre imperturbable.

Le monstre de la peur se rétrécit.

Il remarque que vos murs sont solides.

Mais le monstre est sournois.

Il sait que vous quittez parfois la maison.

Il sait qu'il y a d'autres aides.

Il commence à chercher des failles.

Il cherche les fissures dans votre forteresse.

C'est le facteur sabotage.

C'est la plus grande menace unique pour la récupération de votre enfant.

C'est pourquoi le Hack 9 est non négociable.

Le Protocole de Non-Sabotage concerne la cohérence.

Il s'agit de faire en sorte que chaque adulte soit sur la même longueur d'onde.

Si vous travaillez pendant six semaines pour arrêter les rassurances, ce travail est immédiatement anéanti.

Ça se produit au moment où Mémé cède.

Ça se produit à la seconde où l'enseignant permet à l'enfant de sauter la présentation.

Incohérence enseigne à votre enfant une leçon dangereuse.

Elle leur apprend que la persistance porte ses fruits.

S'ils poussent l'anxiété assez fort, ils trouveront un adulte accommodant.

Ils trouveront le chemin facile.

Nous devons fermer entièrement le chemin facile.

Le traitement ne fonctionne que lorsque l'ensemble du système est uni.

Vous devez devenir le Directeur Exécutif de ce plan de traitement.

Tous les autres sont du personnel de soutien.

Ils doivent suivre vos directives.

Les conversations les plus difficiles se déroulent souvent chez soi.

Nous devons commencer par votre co-parent principal ou votre conjoint.

Vous pourriez penser que vous êtes alignés.

Mais regardez de près la routine nocturne.

L'un d'entre vous vérifie-t-il en secret une dernière fois la cuisinière ?

L'un d'entre vous se précipite-t-il pour apaiser plus fort que l'autre ?

Un parent prend-il toujours en charge la routine anxieuse du coucher ?

S'il y a une différence, l'enfant le sait.

Ils l'exploiteront sans pitié.

Vous devez planifier une réunion spécifique et concentrée avec votre partenaire.

Ceci n'est pas une discussion informelle au dîner.

C'est une réunion de conseil sur l'intégrité du traitement.

Apportez la science.

Expliquez ce que vous avez appris sur l'habilitation.

Expliquez que fuir la peur n'est pas de l'amour.

C'est habiliter la peur.

Dit clairement : "Nous sommes maintenant tous les deux des entraîneurs professionnels de l'exposition."

"Nous devons parler exactement le même langage."

"Si je dis non à un rituel de vérification, vous devez aussi dire non."

"Si je suis l'ancre, vous ne devez pas vous précipiter avec une bouée de sauvetage."

Si votre partenaire a du mal, aidez-le à pratiquer les scripts.

Faites d'eux l'Ancre imperturbable pendant cinq minutes par jour.

Pratiquez à dire : "C'est le Monstre qui parle. Je sais que tu peux l'ignorer."

Assurez-vous qu'ils comprennent que la paix temporaire obtenue en accommodant l'anxiété mène à une dépendance à vie.

Leur amour doit être ferme.

Leur réponse doit être prévisible.

Cette prévisibilité est thérapeutique.

Tout désaccord entre les parents, même des signaux non verbaux subtils, devient un point d'entrée potentiel pour l'Intimidateur de l'Anxiété.

Stoppez la faille aujourd'hui.

Nous passons maintenant au prochain groupe clé.

Les frères et sœurs.

L'anxiété crée souvent du ressentiment chez les frères et sœurs.

Ils voient l'enfant anxieux recevoir un traitement spécial.

Ils voient l'attention accordée pendant les crises de colère.

On leur dit de se taire ou d'accommoder la peur.

Cela nuit à la relation.

Ça inscrit aussi les frères et sœurs dans le cycle de l'habilitation.

Ils pourraient aider avec des rituels OCD juste pour en finir.

Ils pourraient éviter certains jeux pour prévenir une crise.

Nous devons les mobiliser en tant qu'alliés, pas en tant que victimes passives.

Parlez à vos autres enfants honnêtement mais simplement.

Ne les submergez pas avec des termes cliniques.

Utilisez la métaphore du Monstre.

Dites : "Votre frère mène une lutte interne difficile."

"Nous lui apprenons à être plus fort que le Monstre."

"Quand il te demande de vérifier à nouveau les lumières, il nourrit le Monstre."

"Nous avons besoin de votre aide pour le affamer."

Donnez-leur des instructions très spécifiques.

Leur rôle n'est pas d'être un thérapeute.

Leur rôle est d'être ennuyeux et peu utile concernant l'anxiété.

Voici le script pour les frères et sœurs.

"Quand Liam te demande si le four est éteint, tu dis : 'Ça ressemble à une question pour le Monstre. Je parle de football.'"

"Quand Emma te demande de lui tenir la main parce que le sol est 'collant', tu dis : 'Je suis occupé. Tes mains sont parfaitement propres.'"

Apprenez-leur à pivoter la conversation immédiatement.

L'anxiété crave l'attention.

Apprenez aux frères et sœurs à ne donner aucune attention à la peur, mais beaucoup d'attention à l'enfant qui fait des choses courageuses.

"Wow, tu es allé dans le sous-sol sans me demander trois fois. C'est énorme."

Récompensez les frères et sœurs pour leur cohérence.

Reconnaissez que c'est dur pour eux aussi.

Faites-en une mission familiale pour vaincre le Monstre.

Ensuite, il y a les mines terrestres.

Les saboteurs bienveillants.

Les grands-parents et autres soignants occasionnels.

C'est souvent ici que le progrès meurt une mort rapide.

Les grands-parents agissent à partir d'un lieu d'amour profond et protecteur.

Ils voient de la détresse et veulent l'éradiquer immédiatement.

Ils croient qu'ils aident en intervenant.

Ils se précipiteront pour rassurer.

Ils resteront la nuit parce que l'enfant a peur.

Ils permettront l'évitement parce que 'c'est juste plus facile pour tout le monde.'

Vous devez aborder cette conversation avec un maximum de respect mais une fermeté inébranlable.

Ceci n'est pas une suggestion.

C'est un protocole médicalement nécessaire.

Ne leur demandez pas s'ils sont d'accord avec votre style parental.

Énoncez l'exigence du plan de traitement.

Vous les informez des règles de la maison et du programme de rétablissement.

Vous devez communiquer clairement ce que vous avez besoin qu'ils arrêtent de faire.

Arrêtez de donner des rassurances.

Arrêtez de participer à des rituels.

Arrêtez de changer de plans en raison de la peur.

Fournissez-leur les formulations spécifiques qu'ils doivent utiliser.

Gardez le script simple pour eux.

Ils ont besoin d'une ou deux phrases sur lesquelles ils peuvent automatiquement compter.

Script pour les Grands-parents et Soignants :

"Maman, nous avons lancé un programme de traitement intense pour l'anxiété de Sarah."

«Les experts sont très clairs : les accommodements l'empêchent de s'améliorer.»

«Nous avons besoin de votre soutien absolu à ce sujet.»

«Si elle vous demande, 'Allons-nous bien ?', nous avons besoin que vous disiez, 'Je sais que tu te sens incertaine en ce moment. J'ai une confiance totale en toi.'»

«Ne vous engagez pas avec le contenu de la peur.»

«Ne lui dites pas qu'elle est en sécurité.»

«Validez simplement le sentiment et passez à autre chose.»

Préparez-vous à des résistance.

Ils pourraient dire que vous êtes trop dur.

Ils pourraient dire que vous endommagez sa confiance.

Votre réponse doit être calme et inébranlable.

«Je comprends que cela semble contre-intuitif, mais c'est le chemin nécessaire pour sa liberté à long terme.»

«Nous ne pouvons pas accepter de déviation par rapport au plan.»

«Si la cohérence ne peut pas être garantie, nous devrons changer temporairement la structure de visite.»

Cette dernière phrase est dure.

Mais elle est vitale.

Vous devez protéger la sainteté du traitement.

La défense périmétrique finale est le système scolaire.

Les enseignants et les conseillers scolaires sont des partenaires essentiels.

Mais ils sont formés pour encourager et accueillir les élèves.

Souvent, les accommodations pour l'anxiété sont une pratique standard.

Permettre des soumissions tardives.

Autoriser des visites excessives à l'infirmière.

Permettre à l'enfant d'appeler chez lui cinq fois par jour.

Ces accommodations sont un sabotage accidentel.

Ils enseignent à l'enfant que la peur est une raison légitime d'échapper à la difficulté.

L'école est l'endroit où votre enfant fait face à des expositions réelles chaque jour.

Nous devons tirer parti de cet environnement.

Vous devez programmer une réunion avec l'enseignant et le conseiller.

Envoyez-leur un résumé écrit de votre protocole.

Utilisez l'expression 'Prévention de la Réponse à l'Exposition Dirigée par les Parents.'

Ce qui indique que vous dirigez un programme thérapeutique, pas seulement que vous vous plaignez d'un comportement.

Gardez vos instructions simples et pratiques pour l'environnement scolaire.

Concentrez-vous sur les trois éléments non négociables.

Non Négociable Un : Pas d'appels à domicile à moins qu'il n'y ait une blessure physique.

Si l'enfant panique, il doit rester dans l'environnement.

L'attaque de panique doit atteindre son paroxysme et s'apaiser sans fuite.

Script pour l'enseignant : «Je sais que vous voulez appeler ses parents en ce moment. Mais elle apprend que ce sentiment passe. J'ai besoin que vous restiez avec elle et que vous disiez : 'Je vois que tu es très bouleversée. Tu dois rester ici jusqu'à la fin de la classe.'»

Non Négociable Deux : Pas d'accommodations académiques basées sur l'anxiété.

La peur n'est pas une excuse pour sauter la présentation ou le test.

Le but est un comportement courageux, pas un confort.

Script pour l'enseignant : «Si elle dit qu'elle ne peut pas passer le test parce qu'elle est nerveuse, répondez s'il vous plaît par : 'Je sais que le monstre d'inquiétude est fort, mais tu dois t'asseoir et essayer de donner le meilleur de toi-même pendant dix minutes. Tu dois terminer cette tâche.'»

Non Négociable Trois : Zéro réassurance concernant la séparation ou la sécurité.

L'enseignant ne doit pas offrir de réconfort à propos de maman qui vient les chercher.

Ils ne devraient pas vérifier les protocoles de sécurité de manière répétée.

Script pour l'enseignant : «Quand elle demande si elle va tomber malade, répondez par : 'Cette pensée n'est pas utile en ce moment. Concentrons-nous sur la géographie.'»

Présentez ce plan avec confiance.

Vous ne dictez pas leur travail.

Vous leur donnez les outils pour aider votre enfant à atteindre l'indépendance.

Cadrez cela comme des attentes élevées pour la résilience.

La plupart des enseignants seront soulagés d'avoir un mandat clair et scientifique.

Ils en ont aussi assez de la boucle d'anxiété.

Rappelez-vous pourquoi cela compte tant.

Chaque pas que votre enfant fait vers le courage est un dépôt dans la banque de confiance.

Chaque fois qu'un adulte accommode la peur, c'est un retrait.

Si vous avez cinq adultes faisant des dépôts constants, le solde augmente rapidement.

Si vous avez un adulte faisant d'énormes retraits, vous n'avancez jamais.

Le Monstre prospère dans le chaos et les signaux contradictoires.

Le Protocole de Non-Sabotage exige une communication parfaitement claire.

Il exige de vous du courage pour diriger ces adultes.

Il nécessite que vous définissiez les limites pour votre réseau de soutien entier.

Soyez le gardien inflexible de la récupération de votre enfant.

Parlez d'une seule voix.

Agissez avec un seul plan.

La cohérence que vous construisez dans tous les domaines est le bouclier protecteur qui rend la récupération de votre enfant permanente.

Construisez ce bouclier maintenant.

CHAPTER EIGHT

HACK 10 : LE BOUCLIER DE RÉSILIENCE DE 14 JOURS - PRÉDIRE ET ÉCRASER LES 'BLIPS' D'ANXIÉTÉ AVANT QU'ILS NE DEVRONT UN RECHUTE TOTALE (VOTRE STRATÉGIE DE LIBERTÉ À LONG TERME)

Vous avez travaillé sans relâche.

Vous avez installé les neuf premiers hacks.

Vous voyez du succès.

Peut-être que votre enfant dort à nouveau toute la nuit.

Peut-être qu'il fréquente l'école de manière régulière.

Peut-être que les rituels sont presque disparus.

Ce n'est pas de la chance.

Ce résultat est le fruit d'une parentalité concentrée et confiante.

Vous avez rompu le cycle de l'habilitation.

Vous avez mérité ce soulagement.

Maintenant, nous faisons face à la phase critique.

Liberté à long terme.

La récupération est rarement une ligne droite vers le haut.

Elle ressemble à une spirale désordonnée vers le haut.

Il y aura des jours qui sembleront être un immense pas en arrière.

Nous appelons ces revers des 'blips'.

Hack 10 est votre stratégie pour prédire et écraser ces blips.

C'est le Bouclier de Résilience de 14 Jours.

Ce bouclier transforme une rechute potentielle en force renforcée.

Qu'est-ce qu'un blip.

Un blip est un pic temporaire dans les anciens schémas d'anxiété.

Le monstre de l'anxiété ne se rend pas facilement.

Il se retire dans un coin.

Il se recharge.

Ensuite, il teste la clôture que vous avez construite.

Il lance une ligne de pêche d'inquiétude.

Si vous mordez à l'hameçon, le monstre revient en rugissant.

Si vous ignorez l'hameçon, le monstre réalise que son temps est écoulé.

Les blips sont généralement liés au stress externe.

Ils sont courts.

Ils sont ciblés.

Ils sont généralement moins graves que la crise d'origine.

Qu'est-ce qu'une rechute.

Une rechute se produit lorsque le parent cesse d'utiliser les hacks.

Une rechute se produit lorsque le parent panique pendant un blip.

Une rechute se produit lorsque des accommodations s'immiscent lentement dans la routine familiale.

La différence clé est la réaction du parent.

Le blip est l'inconfort temporaire de l'enfant.

La rechute est le retour de la famille à la dysfonction.

Nous nous concentrons sur la prévention de la rechute.

Nous le faisons en écrasant chaque blip avec rapidité et confiance.

La Carte Prédictive de 14 Jours.

La première étape du Bouclier de Résilience est de se projeter vers l'avenir.

L'anxiété adore les surprises.

Nous devons éliminer l'incertitude où nous le pouvons.

Vous devez devenir un détective du trauma pour le calendrier familial.

Regardez 14 jours dans le futur dès maintenant.

Quels grands événements se profilent.

Y a-t-il un gros examen à l'école.

Y a-t-il un rendez-vous chez le médecin prévu.

Faisons-nous un voyage en famille.

Un parent est-il en visite.

Votre enfant a-t-il un nouvel enseignant.

Ces transitions et incertitudes sont des signaux d'alerte.

Elles signalent une faiblesse potentielle dans le bouclier.

Nous anticipons ces points de stress.

Nous augmentons notre préparation mentale avant que le stress n'arrive.

Nous recherchons également des points de stress internes.

Ceux-ci sont moins évidents.

Ils nécessitent une observation détaillée.

Votre enfant est-il malade ou combat-il un rhume.

La fatigue est un combustible pour l'anxiété.

Un enfant qui a manqué deux nuits de sommeil est un enfant vulnérable.

Votre enfant traverse-t-il une poussée de croissance.

Sont-ils en train de naviguer dans de nouvelles dynamiques sociales avec des amis.

Un corps fatigué et un esprit stressé sont des cibles faciles pour le bourreau de l'anxiété.

Nous n'attendons pas que le blip apparaisse.

Nous déployons le bouclier de manière préventive.

Cela signifie que nous renforçons les astuces fondamentales à partir d'aujourd'hui.

Stratégie de Déploiement Préventif.

Lorsque vous voyez un facteur de stress arriver, vous renforcez deux choses.

Une. Astuce 3. L'Ancre Imperturbable.

Deux. Astuce 6. Blocage des Rituels.

Si vous savez que votre enfant a une immense présentation de projet à rendre vendredi, l'anxiété sera élevée dès mardi.

Votre voix doit descendre d'un registre.

Votre rythme doit ralentir.

Vous devez être l'incarnation physique de la confiance calme dès mardi.

Cela modélise la sécurité pour leur système nerveux.

Vous fixez le ton avant que la peur ne grimpe.

Vous montrez à l'anxiété que le leadership reste sécurisé.

Vous bloquez le chemin du monstre.

Ensuite, vous surveillez les rituels de test.

L'anxiété revient souvent par de petites demandes de réassurance.

Est-ce que j'ai bien fait ce devoir.

Cette note va-t-elle tout gâcher.

La voiture sera-t-elle en sécurité sur l'autoroute demain.

Ce sont de petites lignes de test.

Si vous y répondez complètement, vous nourrissez le blip.

Si vous les détournez en utilisant les réponses scriptées de l'Astuce 7, vous écrasez le blip instantanément.

Je sais que tu es inquiet au sujet du projet.

J'ai une totale confiance que tu sais comment gérer la présentation.

Nous avons déjà parlé de cela.

C'est le commutateur de confiance.

Le détournement est ferme.

Le détournement est prévisible.

Le Bouclier de Données Quotidien.

Nous devons rester objectifs pendant cette phase à long terme.

L'anxiété est désordonnée et émotive.

Nous utilisons des données pour garder nos sentiments en dehors de l'équation.

Lors de semaines de stress élevé, mettez en place un système de suivi simple.

Suivez trois marqueurs objectifs chaque nuit.

Un. Nombre de demandes de réassurance répondues ou détournées.

Deux. Nombre de minutes passées dans les expositions à l'Échelle de la Peur.

Trois. Nombre d'accommodements familiaux réalisés.

Si le nombre de réassurance passe de zéro à dix en une journée, c'est une alerte de blip.

Ce n'est pas une catastrophe.

C'est des données.

Elle vous indique exactement où déployer la force le lendemain matin.

Elle stoppe le sentiment d'être submergé.

Vous gérez des métriques, pas des émotions.

Le Protocole de Réponse Rapide.

Lorsque le blip se produit, la vitesse de votre réaction est tout.

Ne pensez pas, 'Oh non, sommes-nous de retour à la case départ.'

Pensez, 'Le monstre de l'anxiété nous teste, montrons-lui la porte.'

Vous devez répondre dans les secondes suivant l'apparition du blip.

Si votre enfant commence un rituel de vérification, n'attendez pas cinq minutes en espérant que cela s'arrête.

Intervenez immédiatement avec les scripts.

Je vois que le troll de l'anxiété te demande de vérifier à nouveau la serrure.

Nous avons convenu de ne plus écouter ce troll.

La serrure est en bon état.

Allons lire ce livre maintenant.

Cette réponse immédiate est clé.

Elle empêche le circuit d'anxiété de s'activer complètement.

Elle force le circuit à s'autodétruire avant qu'il ne parvienne à s'installer.

L'enfant reçoit un retour immédiat et cohérent.

La peur ne signifie pas évitement.

Utiliser des Blips comme Pratique d'Exposition.

Chaque blip est un cadeau.

C'est une exposition prête à l'emploi.

Si le blip concerne le retour de la peur de la séparation, utilisez ce moment.

L'anxiété est déjà prête.

La peur est déjà présente.

Ne reculez pas.

Ne câlinez pas l'anxiété.

Au lieu de cela, utilisez le Hack 4.

Passez immédiatement à une étape plus élevée et ciblée sur l'échelle de la peur liée à cette peur.

Si ils sont anxieux à l'idée de sortir seuls de la maison pendant dix minutes, dites-leur : 'Le monstre de l'anxiété veut que vous restiez à l'intérieur. Nous allons vaincre ce plan. Essayez plutôt de rester dehors pendant quinze minutes.'

Vous leur enseignez que les revers sont simplement des invitations à un courage plus grand.

Vous recontextualisez le moment.

Vous utilisez l'énergie de l'anxiété contre elle.

C'est le pouvoir de la résilience.

Enseigner au Child le langage de la résilience.

Votre enfant doit comprendre ce qui se passe à l'intérieur.

Ils ont besoin du langage pour articuler leur lutte sans demander de réassurance.

Lorsqu'ils expriment leur déception de ressentir à nouveau la peur, affirmez le processus, pas le résultat.

C'est normal de se sentir instable.

Instable signifie que vous vous battez.

Il est tout à fait normal de ressentir la peur lorsqu'il y a du stress à l'école.

Notre travail n'est pas d'éliminer la peur.

Notre travail est de choisir le courage plutôt que l'évitement.

Vous avez choisi le courage aujourd'hui lorsque vous êtes entré en classe.

C'est le seul critère qui compte.

Cela déplace le but.

Le but n'est pas de se sentir calme.

Le but est d'agir malgré l'absence de calme.

C'est la définition de la vraie force.

Maintenir la clôture des limites.

Le Bouclier de Résilience repose sur des limites cohérentes.

Ne laissez pas les vieilles accommodations revenir parce que la vie est devenue chargée.

Peut-être que vous vérifiiez leurs devoirs tous les soirs.

Vous avez arrêté cette accommodation.

Maintenant, ils ont un énorme projet.

Vous pourriez être tenté de revenir en aide 'juste cette fois-ci'.

Ne le faites pas.

Ce 'juste cette fois-ci' est la façon dont le monstre de l'anxiété reprend du territoire.

Maintenez la limite.

Rappelez-vous que maintenir la ligne est la chose la plus aimante que vous puissiez faire.

Votre confiance est la seule chose qui soutient le gain.

Votre cohérence est leur meilleur traitement.

Le Changement de Mentalité à Long Terme.

Votre objectif n'est pas un enfant qui ne s'inquiète jamais.

Cet enfant n'existe pas.

Votre objectif est un enfant qui s'inquiète, reconnaît le sentiment, déploie ses outils d'auto-gestion, et avance quand même.

Vous leur enseignez l'auto-efficacité.

Vous leur enseignez l'agence.

Vous leur remettez les clés de leur propre liberté.

Vous avez installé les hacks.

Vous avez montré le calme.

Vous avez enforce les limites.

Maintenant, vous devez faire confiance au processus.

Les incidents vont devenir moins fréquents.

Ils se produiront moins souvent.

Finalement, votre enfant identifiera l'incident lui-même.

Maman, je pense que le bully essaie de me faire m'inquiéter à nouveau pour le rendez-vous chez le dentiste.

C'est la victoire ultime.

C'est la preuve que le bouclier est entièrement internalisé.

Vous les avez habilités à reconnaître l'ennemi et à déployer leur propre défense.

Vous êtes maintenant leur entraîneur confiant.

Continuez à regarder 14 jours en avant.

Continuez à déployer les hacks rapidement et fermement.

Maintenez les données.

Vous avez le pouvoir de protéger cette liberté à long terme.

C'est votre dernier hack.

C'est votre confiance inébranlable en action.

Continuez à les mener vers la liberté.

CHAPTER NINE

LES PIÈGES D'ENABLING : LES 5 ACTIONS 'AIMANTES' QUI ALIMENTENT CHAQUE JOUR EN SECRET LE MONSTRE DE LA PEUR DE VOTRE ENFANT

VOUS AIMEZ VOTRE ENFANT AVEC FERVEUR.

Ce n'est pas à débattre.

Vos actions viennent d'un profond amour protecteur.

Vous vous mettriez littéralement devant un bus pour eux.

Vous avez passé d'innombrables heures à chercher des réponses.

Vous avez dépensé de l'argent pour des thérapeutes et des programmes.

Vous avez fait tout ce que vous pouviez penser pour atténuer leur douleur.

Mais parfois, les choses que nous faisons par amour deviennent les outils du monstre de l'anxiété.

Ils deviennent le carburant qui alimente le feu de la peur.

Nous appelons cela des pièges d'enabling.

Ils sont subtils.

Ils se sentent doux et nécessaires sur le moment.

Ils ressemblent à des parenthèses et ils se sentent comme de la compassion.

Mais fonctionnellement, ils prouvent au cerveau de l'enfant que le monde est en effet dangereux.

Si le monde était sûr, vous n'auriez pas à changer les règles pour eux, n'est-ce pas.

Le but de ce chapitre n'est pas de vous faire sentir coupable.

C'est de vous donner de la clarté.

C'est d'illuminer les ombres où l'anxiété cache ses armes les plus puissantes.

Nous allons identifier les cinq pièges les plus courants.

Ensuite, nous allons apprendre comment nous en retirer avec grâce, confiance et amour.

Piège 1 : Le Bouclier d'Évitement.

C'est le piège le plus dangereux de tous.

Le Monstre de l'Anxiété prospère sur l'évitement.

Si votre enfant évite quelque chose de effrayant, le monstre gagne.

Il devient plus fort.

L'évitement est le soulagement temporaire qui garantit la détresse à long terme.

Les parents deviennent souvent le Directeur de l'Evitement.

Vous faites constamment de petits ajustements pour protéger votre enfant de l'inconfort.

Peut-être qu'ils refusent d'assister à des jeux de rôles.

Alors vous arrêtez de les planifier.

Peut-être qu'ils détestent prendre le bus parce qu'ils s'inquiètent des germes.

Alors vous les conduisez à l'école chaque jour.

Peut-être qu'ils ont peur de dormir seuls.

Alors vous avez dormi sur le sol de leur chambre depuis trois ans maintenant.

Toutes ces actions sont profondément aimantes.

Ils résolvent le problème immédiat.

Mais ils crient un message au cerveau de votre enfant.

La menace est réelle.

Je, le parent, confirme que la menace est réelle parce que je t'aide à y échapper.

Pour se retirer du Bouclier d'Évitement, tu dois inverser les accommodations lentement.

C'est ici que l'Échelle de la Peur (Astuce 4) est essentielle.

Tu ne peux pas passer de dormir par terre à exiger qu'ils dorment seuls ce soir.

C'est trop agressif.

Ça met tout le monde en échec.

Au lieu de cela, définis l'accommodation.

Définis l'objectif d'exposition.

Commence petit.

Si tu dors par terre, le premier pas est de déplacer ton sac de couchage vers la porte.

La semaine suivante, il sera déplacé dans le couloir.

Tu valides leur peur.

Tu dis : "Je vois que le monstre veut que je reste ici, mais nous montrons simplement au monstre que nous sommes les chefs."

Tu restes calme.

Tu ne recules pas.

Tu fragmentes le Bouclier d'Évitement en petites pièces gérables.

Piège 2 : Le Résolveur de Problèmes Instantané.

Un enfant anxieux, surtout un avec TOC, peut rester coincé dans une boucle.

Ils s'inquiètent pour la plus petite erreur.

Ils exigent la perfection.

Ils oublient un devoir à rendre.

Ils oublient leur veste.

Ils ont du mal avec un puzzle simple.

Ton instinct est d'intervenir et de régler le problème immédiatement.

Tu cours à l'école avec l'objet oublié.

Tu complètes la construction complexe de Lego pour eux.

Tu appelles l'enseignant et négocies un délai parce qu'ils ont eu une crise la veille.

Quand tu interviens, tu voles deux outils vitaux à ton enfant.

Tu te dérobes de leur capacité à tolérer la détresse.

Tu te dérobes de leur capacité à résoudre des problèmes.

Ils apprennent que s'ils s'inquiètent assez fort, un sauveteur apparaîtra.

Cela enseigne l'impuissance.

Ça leur dit qu'ils sont trop fragiles pour gérer la déception normale ou les petites erreurs.

Pour se retirer du piège du Résolveur de Problèmes Instantanés, tu dois introduire la tactique du délai.

s'ils t'appellent au travail en ayant besoin de quelque chose, réponds avec une limite.

Dis, "Cela semble frustrant."

Utilise le Miroir Magique (Astuce 1).

"Je vois que le monstre te dit que d'oublier ton déjeuner est une catastrophe."

Ensuite, propose une conséquence ou une solution basée sur la réalité qu'ils doivent appliquer.

"Il est midi maintenant. Je ne peux pas conduire à l'école."

"Tu as deux options."

"Tu peux manger le déjeuner de l'école."

"Ou tu peux appeler Papa pour voir s'il peut déposer quelque chose après sa réunion."

Le point est qu'ils doivent maintenant gérer les conséquences de l'erreur induite par l'anxiété.

Ils apprennent qu'ils peuvent survivre à l'inconfort.

Ils apprennent qu'ils sont des résolveurs de problèmes compétents.

Piège 3 : Négocier avec le Terroriste.

L'anxiété est un terroriste demandant une rançon.

Elle dit : "Si tu veux te sentir en sécurité, tu dois te laver les mains dix fois."

Ou, "Si tu veux aller au parc, tu dois promettre de rester à deux pieds de moi."

Quand un parent négocie, il donne au monstre du poids.

Négocier ressemble à cela.

"D'accord, tu n'as qu'à te laver les mains huit fois, ça te convient ?"

"Nous pouvons aller au parc, mais essayons de rester à cinq pieds au lieu de deux, est-ce un accord ?"

Le parent essaie de satisfaire le monstre à mi-chemin.

Ils croient que le compromis facilitera la transition.

Mais tu ne peux pas faire de compromis avec la peur illogique.

Tu ne peux pas raisonner avec le monstre.

Quand tu négocies, tu acceptes implicitement que la demande de l'anxiété a de la valeur.

L'enfant apprend que les règles sont flexibles.

Ils apprennent que s'ils argumentent et paniquent assez longtemps, l'exigence disparaîtra.

Pour se retirer du Piège de Négociation, utilise l'Ancre Imperturbable (Astuce 3).

Ta voix doit être calme.

Ton attente doit être inébranlable.

Tu es le leader de la famille.

Tu fixes les règles.

Les règles sont basées sur la sécurité et la logique, pas sur les caprices du monstre.

Si l'attente est de se laver les mains une fois, il s'agit de se laver les mains une fois.

Tu valides leur sentiment.

"Le monstre a vraiment l'air contrarié par cela."

Ensuite, tu énonces l'attente.

"Nous nous lavons les mains une fois dans cette maison."

"Nous ne négocions pas avec la peur."

Refuse de t'engager dans le contenu spécifique de l'anxiété.

Ne discute pas des germes.

Discute de la limite.

Cela montre de la confiance.

Cela montre du leadership.

Piège 4 : Réassurances Répétitives et Vérifications de Sécurité.

Nous avons couvert ceci en profondeur dans l'Astuce 7.

Mais cela mérite d'être inclus ici car c'est un piège de facilitation très puissant.

La réassurance est une compulsion pour le parent.

Elle soulage ton stress sur le moment.

C'est comme verser de l'eau sur un feu de joie d'inquiétude.

L'eau se transforme en vapeur, faisant un spectacle dramatique, mais le feu brûle encore en dessous.

Ton enfant demande, "Sommes-nous sûrs que le détecteur de fumée fonctionne ?"

Tu réponds, "Oui, chérie, je l'ai vérifié hier, et nous avons une batterie de secours."

Un soulagement temporaire.

Dix minutes plus tard, ils demandent à nouveau.

Tu réponds, "Je te promets, nous allons bien, va te coucher."

Tu viens de nourrir la peur.

Chaque fois que tu donnes une réponse directe et factuelle à une question alimentée par l'anxiété, tu renforces le besoin de vérifier.

Tu es en train d'apprendre à ton enfant à externaliser leur système de surveillance interne de la sécurité.

Le cerveau anxieux dit, "Mon radar interne est cassé, je dois me fier à la validation externe, qui est Maman ou Papa."

La seule façon de réparer le radar est de refuser de le vérifier pour eux.

Pour se retirer, tu dois utiliser les réponses scriptées de l'Astuce 7.

Quand ils demandent, "Sommes-nous en sécurité ?"

Tu réponds par une question.

"Que veut que tu fasses le monstre ?"

"Que savons-nous de la façon dont l'anxiété fonctionne ?"

Ou vous utilisez le script confiant.

"Nous avons déjà parlé de ça."

"Je ne vais pas répondre à cette question, et c'est un arrêt net."

Au début, cela semble froid.

Ce n'est pas froid.

C'est de la réhabilitation.

C'est guérir le cerveau de l'enfant en niant le comportement de vérification compulsive.

Piège 5 : Le sacrifice silencieux de la famille.

Ce piège se met en place lentement au fil des mois ou des années.

L'anxiété commence petite.

Une peur des chiens.

Ensuite, pour garder la paix, la famille arrête simplement d'aller au parc à chiens.

Ensuite, les amis qui possèdent des chiens ne sont plus invités.

Ensuite, la famille commence à faire un détour d'un mile dans le quartier juste pour éviter de voir un promeneur de chien.

L'anxiété a colonisé l'ensemble de l'unité familiale.

La famille sacrifie la joie, la commodité et des activités normales pour accommoder le monstre.

Peut-être que votre enfant a une peur sévère de vomir (émétophobie).

La famille entière arrête de manger au restaurant.

Ils mangent seulement des aliments fades et sûrs à la maison.

Peut-être que votre enfant a une anxiété de séparation la nuit.

Donc, le co-parent est forcé de quitter le lit conjugal pour dormir ailleurs.

C'est un immense piège permissif car cela confirme à l'enfant que sa peur est suffisamment puissante pour dicter la vie de tout le monde autour d'eux.

Ça les rend au centre émotionnel du système familial.

Ce pouvoir renforce le cycle de l'anxiété.

Pour se retirer du sacrifice silencieux de la famille, vous devez instituer la mise en place de limites confiantes (Astuce 8).

Vous devez identifier chaque manière dont le calendrier familial, les plans de voyage ou les heures de repas ont changé à cause de l'anxiété.

Faites une liste des accommodations.

Vous allez les inverser systématiquement.

Cela nécessite une réunion de famille.

Vous expliquez calmement que le ménage est sous nouvelle direction.

Le monstre de l'anxiété perd ses droits de vote.

Commencez par l'inversion la plus facile.

Si vous avez cessé de manger certains aliments sains à cause d'une peur, remettez cet aliment au menu ce soir.

Si vous avez cessé d'écouter un certain type de musique dans la voiture, remettez-la.

Si vous évitez un magasin spécifique parce qu'il déclenche une inquiétude, allez-y demain.

Votre confiance dicte le résultat ici.

Vous ne demandez pas la permission de l'enfant.

Vous annoncez le changement avec une autorité ferme et aimante.

"Nous revenons à la normalité pré-anxiété."

Cela enseigne à l'enfant qu'il peut se sentir anxieux et avancer malgré tout.

Cela leur enseigne que leur peur n'est pas le PDG de la famille.

Votre mission maintenant est de devenir le Responsable du Retrait.

Chaque fois que vous ressentez l'envie de secourir, d'accommoder ou de rassurer, arrêtez-vous.

Posez-vous une question.

Est-ce que j'aide mon enfant à se sentir mieux en ce moment, ou est-ce que j'aide mon enfant à aller mieux sur le long terme ?

La différence entre ces deux résultats est la différence entre le fait de permettre et l'autonomisation.

Vous choisissez l'autonomisation.

Vous choisissez la liberté à long terme.

Vous choisissez d'être l'entraîneur.

Retirez-vous gracieusement mais résolument de ces pièges.

Votre enfant a besoin que vous arrêtiez de marcher sur des œufs.

Ils ont besoin que vous teniez bon.

Ils ont besoin que vous leur montriez que le monde vaut la peine d'être affronté, peur incluse.

Commencez aujourd'hui.

Choisissez un piège dans lequel vous êtes actuellement pris.

Inversez une petite accommodation ce soir.

C'est ainsi que commence la reprise du salon.

CHAPTER TEN

DÉPANNAGE : LA TROUSSE D'URGENCE POUR LES MOMENTS DE CRISE - INSTRUCTIONS ÉTAPE PAR ÉTAPE POUR VAINCRE LE REFUS SCOLAIRE ET L'ANXIÉTÉ DE SÉPARATION SÉVÈRE SANS CRIER

Ce chapitre est votre bouton d'urgence.

C'est la trousse d'urgence.

Vous avez appris les astuces.

Maintenant, vous devez savoir exactement comment les déployer lorsque le sol se dérobe sous vous.

Ces moments sont intenses.

Ils sont conçus pour vous faire sentir impuissant.

Ils sont conçus pour vous faire crier ou vous effondrer.

Nous ne ferons aucune de ces choses.

Nous maintenons un contrôle ferme, aimant et absolu.

Souvenez-vous de la stratégie de l'Ancre Imperturbable.

Vous êtes le roc dans la tempête.

Votre enfant a besoin de vous voir gérer la crise sans sombrer dans la panique vous-même.

C'est le moment où votre confiance compte le plus.

MOMENT DE CRISE 1 : LA PANIQUE À SON APLOMB

Une attaque de panique est un événement physique.

Ce n'est pas un défaut de caractère.

C'est une vague massive d'adrénaline et de chimie de la peur.

Le cerveau est convaincu qu'il y a une menace immédiate.

Votre objectif n'est pas de les convaincre de ne pas avoir peur.

Votre objectif est de surfer sur la vague avec eux en toute sécurité.

Vous devez appliquer l'Astuce 3 : L'Ancre Imperturbable.

Étape 1 : Arrêtez la Négociation.

Aussitôt que la panique commence, vous arrêtez toutes les autres activités.

Vous n'essayez pas de marchander.

Vous n'essayez pas de poser des questions sur le déclencheur.

Le cerveau est hors ligne pour le traitement logique.

Tout discours s'arrête.

Étape 2 : Commandez une Présence Calme.

Vous devez baisser la voix.

Ralentissez vos mouvements de manière spectaculaire.

Ne vous inquiétez pas pour eux.

Ne vous précipitez pas pour obtenir un verre d'eau ou un sac en papier.

Cela envoie le message que la panique est une urgence grave nécessitant une action urgente.

Au lieu de cela, asseyez-vous à côté d'eux.

Assurez-vous d'être légèrement surélevé ou au même niveau.

Placez vos pieds fermement sur le sol.

Modélez l'immobilité physique.

Étape 3 : Validation Radicale Sans Rassurance (Astuce 1).

Utilisez un langage qui reconnaît l'horreur physique qu'ils vivent.

Dites : Votre cœur s'emballe en ce moment.

Dites : Je vois que votre estomac est en émoi.

Dites : Cela se sent terriblement mal et effrayant.

Ne dites pas : Vous allez bien.

Ne dites pas : Rien de mauvais ne se passe.

Vous validez le sentiment, pas le contenu de la peur.

Étape 4 : Exigez le calme et le temps.

La panique veut qu'ils courent, crient ou se cachent.

Vous devez contrer cette envie.

S'ils sont en sécurité pour le faire, demandez-leur de s'asseoir ou de s'allonger à côté de vous.

Utilisez un commandement ferme et calme.

Dites : Vous devez rester immobile ici avec moi jusqu'à ce que l'adrénaline atteigne son pic.

S'ils essaient de s'enfuir, bloquez doucement le chemin de sortie.

Vous créez physiquement le champ de confinement.

Ils doivent surmonter la vague.

Ils doivent s'habituer à la sensation physique de la peur (Astuce 5).

La crise de panique dure de 7 à 10 minutes, du pic à la résolution.

Vous attendez simplement que le temps passe, en fournissant une présence ferme et silencieuse.

Étape 5 : La transition post-panique.

Lorsque la panique diminue, ils seront épuisés.

Le monstre de l'anxiété cherchera immédiatement un réconfort (Astuce 9).

Il dira : Je ne peux pas aller à l'école maintenant.

Il dira : Je dois rester à la maison.

Vous devez immédiatement déployer la frontière confiante (Astuce 8).

L'événement est terminé.

Le plan est de retour en vigueur.

Dites : C'était horrible, mais vous l'avez géré.

Dites : Maintenant, nous passons à la prochaine chose.

Si la panique s'est produite en se rendant à la bibliothèque, continuez jusqu'à la bibliothèque.

Ne laissez pas la crise de panique devenir un trophée d'évitement.

MOMENT DE CRISE 2 : REFUS SCOLAIRE EXTREME

Le refus scolaire est un rituel d'évitement sévère.

Il se manifeste souvent par des symptômes physiques comme des nausées ou des douleurs abdominales.

L'enfant n'essaie pas d'être manipulateur.

Il réagit à une terreur physiologique écrasante.

Cependant, vous ne pouvez pas traiter le symptôme.

Vous devez traiter l'évitement.

L'école est non négociable (Astuce 8).

L'objectif est un mouvement rapide et sans émotion vers la porte.

Étape 1 : Blocage préventif des rituels (Astuce 6).

La bataille commence la veille au soir.

Refusez toutes les questions de réassurance excessive concernant le lendemain.

S'ils commencent à poser des questions sur le bus ou l'enseignant, utilisez un script de blocage rituel.

Dites : C'est assez de parler d'école pour ce soir.

Dites : C'est ce que le terreur du souci veut que vous pensiez.

Déplacez immédiatement la conversation vers un sujet neutre.

Étape 2 : Le script matinal et le rythme.

Le matin doit être rapide, prévisible et dépourvu de conversation émotionnelle.

Vous êtes un capitaine confiant guidant un navire à travers des mers agitées.

Utilisez l'Astuce 2 : Le réajustement du langage.

s'ils disent : Mon ventre me fait trop mal pour manger.

Dites : Je sais que le monstre de l'anxiété fait mal à ton ventre quand il s'inquiète pour l'école.

Dites : Mais nous savons que aller à l'école est la manière de montrer au monstre qui est le patron.

Ensuite, recentrez l'attention sur la tâche.

Dites : Mets tes chaussures maintenant.

Étape 3 : Refuser les accommodements (Astuce 9).

Ne permettez pas les comportements de retardement.

Ne les laissez pas négocier cinq minutes de plus.

Ne les laissez pas appeler l'infirmerie pour demander les activités de la journée.

Ce sont tous des accommodements qui alimentent la peur.

S'ils vomissent, nettoyez rapidement et calmement.

Le plan reste le même.

Dites : Je comprends que votre corps a réagi à la peur.

Dites : Maintenant, nous mettons votre manteau.

Étape 4 : La transition forcée (Ancre imperturbable).

Si l'enfant refuse physiquement de bouger, s'accrochant à vous ou aux meubles, vous devez utiliser votre autorité parentale et votre taille.

Cela doit être fait calmement et fermement, sans colère ni voix élevées.

Vous exécutez simplement une manœuvre physique nécessaire.

Dites : Il est temps d'y aller.

Prenez doucement et fermement leur main ou soulevez-les.

Marchez avec eux jusqu'à la voiture ou la porte.

s'ils se débattent ou crient, gardez une expression neutre.

Vous montrez que leurs émotions puissantes ne contrôlent pas vos actions.

La réponse de lutte ne fonctionne que si vous y participez.

Vous refusez de participer à la lutte.

Étape 5 : Le protocole de dépose (Astuce 10).

Au moment où vous arrivez à l'école, l'au revoir doit être rapide.

Ne traînez pas.

Traîner ne fait qu'améliorer l'idée que quelque chose de dangereux pourrait se produire après votre départ.

Utilisez le script pré-établi.

Dites : Je t'aime.

Dites : Je sais que tu peux gérer cette chose difficile.

Dites : On se voit à 15 heures.

Ensuite, partez.

Ne regardez pas en arrière.

Ne prêtez pas attention au dernier appel pour une réassurance.

Cela exige un courage incroyable de votre part.

C'est le moment d'exposition le plus puissant pour votre enfant.

Vous apprenez à leur cerveau qu'ils survivent à la peur de la séparation.

MOMENT DE CRISE 3 : ANXIETE DE SEPARATION SÉVÈRE

L'anxiété de séparation à la maison se manifeste souvent la nuit.

C'est une question de contrôle et de certitude.

Le troll de l'anxiété exige que le parent soit toujours visible ou disponible.

C'est ici que le blocage rituel et la mise en place de limites fusionnent dans un test intense.

Étape 1 : Dévier les demandeurs de réassurance (Astuce 7).

L'heure du coucher est souvent le moment où l'enfant tente d'extraire une réassurance sans fin.

Ils demandent si vous allez vérifier sur eux.

Ils demandent si la porte est verrouillée.

Ils demandent si vous promettez de ne pas quitter la maison.

Vous devez bloquer ces questions instantanément.

Utilisez un script de déviation.

Dites : Cela ressemble à une question pour le monstre du souci.

Dites : Nous avons terminé de parler de ce genre de soucis jusqu'à demain matin.

Dis : Tu sais déjà la réponse à cette question.

Ne donne pas la réponse spécifique et apaisante qu'ils recherchent.

Les réassurances sont du poison.

Étape 2 : Enforcement de la Limite de Sommeil (Astuce 8).

La limite est : Tu dors dans ton lit.

Lorsque l'enfant se présente inévitablement à ta porte, souvent quelques minutes après le coucher, tu dois être une présence silencieuse et puissante.

Ne t'engage pas dans une conversation.

Ne permets pas de négociation.

Ce n'est pas le moment pour un câlin aimant.

C'est un moment d'application de la limite.

Étape 3 : Le Retour Silencieux (L'Exercice d'Habituation).

S'ils entrent dans ta chambre, lève-toi immédiatement.

Prends leur main ou mets une main dans le bas de leur dos.

Ramène-les dans leur chambre.

Ne dis absolument rien.

Utilise zéro contact visuel si possible.

Ce manque de récompense (conversation, attention, confort) rend le comportement inefficace pour l'anxiété.

Tu es un robot exécutant un programme.

Tu n'es pas en colère.

Tu n'es pas hostile.

Tu es simplement ferme.

S'ils résistent, tiens la porte ouverte et attends qu'ils entrent.

Étape 4 : L'Exercice Répété.

Ils peuvent revenir dix fois.

Ils peuvent revenir vingt fois.

La consistance de ton retour silencieux est le traitement.

Chaque fois que tu les ramènes sans parler, tu fais une exposition.

Tu les obliges à s'habituer à l'inconfort d'être seuls (Astuce 5).

Les niveaux d'anxiété montent, mais lorsque le parent reste un ancrage inébranlable, le pic finit par descendre plus rapidement et reste plus bas.

Le rituel de recherche de confort échoue.

Étape 5 : Gérer l'Accroche Physique.

Parfois, l'enfant t'empêchera physiquement de quitter sa chambre ou refusera de lâcher ta jambe.

Tu dois appliquer une pression douce mais inébranlable pour te retirer.

Si nécessaire, attends trois minutes que l'intensité physique diminue légèrement.

Ensuite, détache-les doucement.

Dis : Je pars maintenant.

Dis : Tu es en sécurité ici.

Ensuite, pars rapidement.

Ne laisse pas l'accroche physique annuler la limite.

L'anxiété ne gagne que si tu restes dans la chambre ou les laisses rester dans la tienne.

MAÎTRISER LE MOMENT DE CRISE

Le dénominateur commun dans toutes les trois crises est la confiance.

Tu dois projeter une certitude absolue dans le plan.

L'anxiété est forte.

Ta certitude doit être plus forte.

Souviens-toi qu'à chaque fois que tu mets en œuvre une astuce pendant une crise, tu reprogrammes leur cerveau en temps réel.

Tu enseignés à leur système nerveux une nouvelle vérité.

La vérité est : La peur arrive.

La vérité est : Maman/Papa reste stable.

La vérité est : Je survis à la peur sans fuir ni chercher de réassurance.

Ne crains pas leurs larmes ni leur colère.

La colère est souvent un détournement d'une peur intense.

Ton rôle n'est pas d'éliminer leur détresse instantanément.

Ton rôle est de contenir leur détresse et d'appliquer le plan.

Tu es la trousse d'urgence.

Tu as déjà les pièces.

Utilise-les maintenant.

Sois l'ancre.

Ne coule pas avec le navire.

CHAPTER ELEVEN

LE PLAN DE BATAILLE DE 7 JOURS : QUELLES 3 ASTUCES DÉPLOYER À PARTIR DE LUNDI MATIN (ET COMMENT MESURER UN PROGRÈS DE 1 000 $ D'ICI VENDREDI)

TU AS ATTEINT LE POINT D'ACTIVATION.

Le temps de la théorie est révolu.

Le temps de parler généralement de l'anxiété est terminé.

Nous passons maintenant à l'exécution.

Ce chapitre est la synthèse ultime de tout ce que tu as appris.

Nous n'allons pas essayer de faire des choses impossibles.

Nous allons nous concentrer comme un faisceau laser.

À partir de lundi matin, tu as une mission spécifique et mesurable.

Tu n'utiliseras que trois des dix puissantes astuces que tu possèdes maintenant.

Ces trois astuces sont choisies parce qu'elles sont entièrement sous ton contrôle.

Tu n'as pas besoin de la coopération de ton enfant pour réussir la première semaine.

Tu as seulement besoin de ton propre engagement.

Ce plan va changer radicalement le paysage de ton salon.

Tu vas mesurer le progrès non pas à la façon dont ton enfant se sent, mais à la façon dont tu réagis avec puissance.

Cette semaine est celle de la transformation du parent.

Les Trois Astuces Essentielles pour la Semaine 1.

Nous établissons la nouvelle fondation.

Nous avons besoin d'un nouveau langage.

Nous avons besoin d'une attitude imperturbable.

Nous devons immédiatement arrêter le comportement d'activation primaire.

Tes Trois Astuces Essentielles sont l'Astuce 1, l'Astuce 3, et l'Astuce 7.

Ce sont les points non négociables.

L'Astuce 1 est La Technique de Validation du Miroir Magique.

Tu as appris à dire, Je vois que tu es effrayé.

Tu as appris à ne plus fournir de certitude, qu'elle soit fausse ou réelle.

Cette semaine, nous mettons en œuvre pleinement le Protocole de Réinitialisation du Langage.

Chaque fois que ton enfant exprime une préoccupation, tu réponds par une validation du sentiment, mais sans aucune réassurance quant au résultat.

L'enfant pourrait dire, Que se passe-t-il si je tombe malade à l'école.

Ton ancienne réponse était, Tu vas bien te porter, j'ai pris des médicaments, tu es en sécurité.

Ta nouvelle réponse avec l'Astuce 1 est, Je vois que le monstre de l'inquiétude essaie de te rendre effrayé à l'idée de tomber malade.

C'est une méchante ruse qu'il joue.

Mais nous ne laissons pas le monstre décider.

Nous allons à l'école de toute façon.

L'Astuce 1 établit que tu es conscient du combat.

Elle enseigne à ton enfant que tu es un coéquipier contre l'anxiété, pas un ennemi qui rejette ses sentiments.

Elle affame également le besoin de certitude.

L'Astuce 3 est La Stratégie de l'Ancre Imperturbable.

Cela concerne ta posture physique et émotionnelle.

Lorsqu'une crise éclate, ton enfant recherche un leader.

Ils cherchent un rocher.

Si vous rejoignez leur panique, l'anxiété gagne instantanément.

Le hack 3 exige que vous modélisiez un calme inébranlable.

Votre fréquence cardiaque doit rester stable.

Votre voix doit rester basse et égale.

Vous ne devez pas négocier, crier ou supplier.

Vous devenez l'Ancre.

Cette semaine, vous allez pratiquer la posture physique d'un leadership calme.

Épaules en arrière.

Respiration lente.

Yeux fixes.

Vous êtes l'adulte.

Vous êtes le coach confiant.

Vous pratiquez cette attitude que vous soyez effrayé ou non.

Les sentiments suivent les actions.

Agissez comme l'Ancre, et bientôt vous vous sentirez comme l'Ancre.

Le hack 7 est le PIEGE de la Réassurance.

C'est le plus grand drain d'énergie dans un foyer anxieux.

L'enfant demande : Avez-vous vérifié la cuisinière.

L'enfant demande : Êtes-vous sûr que la porte est verrouillée.

L'enfant demande : Mon ami m'aimera-t-il toujours demain.

L'enfant demande : La nourriture est-elle empoisonnée.

Chaque réponse que vous fournissez est une pilule empoisonnée.

Elle apporte un soulagement immédiat et temporaire.

Elle garantit que la question sera posée à nouveau, plus fort, dans cinq minutes.

Le hack 7 est l'arrêt immédiat et complet de toute réassurance.

Cela signifie que vous devez avoir vos scripts prêts.

Quand ils demandent de la réassurance, vous devez détourner.

Vous devez utiliser un rediriger confiant.

Vous pourriez dire : Cela ressemble à un travail pour ton cerveau fort, pas le mien.

Vous pourriez dire : Nous en avons déjà parlé, mais le monstre de l'inquiétude n'aime pas la réponse.

Vous pourriez dire : J'ai confiance en vous pour gérer l'incertitude.

Quoi qu'il arrive, ne vous engagez pas avec le contenu de la peur.

Le hack 7 est l'étape cruciale pour arrêter de nourrir tout le système.

La Chronologie de Déploiement de 7 Jours.

Nous commençons petit et construisons rapidement de l'élan.

Engagez-vous dès maintenant à déployer du lundi au vendredi.

Quoi qu'il arrive, vous respectez le plan.

Lundi est le Jour de la Langue.

Votre seul objectif est le hack 1.

Vous allez attraper chaque moment de discours d'inquiétude.

Vous remplacerez vos anciennes réponses rassurantes par les scripts de validation du Miroir Magique.

Vous vous concentrez sur la séparation de l'enfant de monstre.

Écrivez cinq scripts sur une carte et gardez-la dans votre poche.

Ceci n'est pas une question de perfection.

C'est une question de haute répétition.

Votre objectif est 15 déploiements réussis du hack 1 aujourd'hui.

Mardi est le Jour de la Blocade.

Vous déployez le hack 7.

Les demandes de réassurance augmenteront lorsque vous commencerez le hack 1.

Le tyran de l'anxiété teste vos nouvelles limites.

Il perçoit la faiblesse.

Vous devez être prêt pour ce test.

Chaque demande de certitude est accueillie avec un script de détournement pratiqué, ferme et aimant.

Ne débattez pas.

Ne laissez pas la logique expliquer.

Ne vous excusez pas.

Vous utilisez une voix calme et ennuyeuse pour le script de détournement.

Votre objectif est de détourner 100 % de toutes les demandes de réassurance aujourd'hui.

Ça va sembler difficile.

Ça va créer de la friction.

Cette friction est le système d'anxiété qui se bat pour sa survie.

Cela signifie que vous gagnez.

Mercredi est le Jour de l'Intégration.

Vous utilisez le hack 1 et le hack 7 ensemble parfaitement.

L'enfant s'inquiète pour un test.

Vous dites : Je vois le monstre te rendre inquiet à propos du test, hack 1.

L'enfant demande : Vais-je réussir si j'étudie une heure de plus.

Vous dites : Tu sais exactement ce que tu dois faire, hack 7.

Vous êtes une machine confiante et coordonnée aujourd'hui.

Vous vous concentrez également sur zéro accommodation.

Si l'anxiété exige que vous empruntiez un itinéraire spécifique, vous empruntez un autre itinéraire.

Si l'anxiété exige que vous répétiez le rituel du coucher, vous vous arrêtez à mi-chemin.

Aujourd'hui est le jour où vous reprenez visiblement le contrôle.

Chaque fois que vous dites non au monstre, c'est une victoire massive.

Jeudi est le Jour de l'Ancre.

Vous déployez le hack 3.

Vous avez établi une base de conflit avec le tyran de l'anxiété.

Le tyran peut escalader.

C'est un bon signe.

Anticipez le moment où une crise ou une panique est probable.

Si c'est le moment de dépose, préparez votre position d'Ancre.

Si c'est l'heure des devoirs, préparez votre position d'Ancre.

Concentrez-vous à 100 % sur votre langage corporel.

Votre objectif est de rester parfaitement calme pendant toute la durée de l'événement de panique.

Ne vous engagez pas avec le contenu de la peur pendant la panique.

S'ils crient, restez simplement proche et dites d'une voix basse, Je suis là.

Je suis l'Ancre.

Nous sommes en sécurité.

Répétez ce mantra simple intérieurement et extérieurement.

Votre performance en tant qu'Ancre est la seule mesure qui compte aujourd'hui.

Vendredi est le Jour de Mesure de Progrès.

Ceci est la synthèse des trois hacks.

Aujourd'hui, vous fonctionnez à plein régime.

Utilisez le langage du hack 1 en permanence.

Bloquez instantanément les demandes de réassurance du hack 7.

Déployez le hack 3 chaque fois que le système essaie de vous contourner.

Nous calculons maintenant la valeur de 1 000 $ des progrès que vous avez réalisés.

Comment mesurer la valeur de 1 000 $ de progrès.

Nous ne mesurons pas si l'anxiété est partie.

C'est un objectif à long terme.

Nous mesurons le retour sur votre investissement émotionnel.

Nous mesurons ce que vous avez récupéré.

Nous assignons une valeur en dollars à chaque action parentale réussie.

Cela rend le progrès visible et tangible.

Valeur d'un déploiement réussi de Hack 1 : 20 $.

Vous avez arrêté une spirale d'inquiétude avant qu'elle ne commence.

Vous avez recadré le récit.

Si vous avez fait cela 50 fois cette semaine, cela représente déjà 1 000 $.

Valeur d'un bloc de réassurance réussi de Hack 7 : 50 $.

Vous avez rompu le cycle de dépendance.

Vous avez économisé 20 minutes de questions répétitives et d'inquiétude croissante.

Si vous avez bloqué 20 demandes cette semaine, cela fait encore 1 000 $.

Valeur d'une performance réussie de Hack 3 Anchor pendant une crise : 250 $.

Vous avez empêché une heure de temps de récupération émotionnelle.

Vous avez donné à votre enfant un chemin neurologique vers le calme.

Vous avez montré un leadership indéniable.

Si vous avez fait cela quatre fois cette semaine, vous êtes déjà à 1 000 $.

Le but de ce critère financier est de déplacer votre attention de la lutte de votre enfant à votre propre exécution.

Vous vous concentrez sur votre comportement.

Vous êtes la variable que vous pouvez contrôler.

Notez vos victoires.

Faites le total de votre score.

Si vous avez déployé avec succès les trois hacks et atteint 1 000 $ d'actions mesurées, vous avez gagné la première semaine.

Votre salon commence à se sentir différent.

Vous commencez à respirer différemment.

Votre enfant commence à tester les nouvelles limites, ce qui est exactement ce qui devrait se passer.

La friction signifie mouvement.

Le conflit signifie changement.

Le chemin à suivre.

Vous avez maintenant les bases.

Cette semaine ciblée a établi votre leadership.

Elle a prouvé au tyran de l'anxiété qu'un nouveau shérif est en ville.

Elle vous a prouvé que vous êtes capable de la mise en place de limites dures, fermes et compatissantes requises.

La chose la plus importante que vous avez apprise cette semaine est simple.

Vous êtes la solution.

Vous n'avez pas besoin d'attendre un rendez-vous chez le thérapeute.

Vous n'avez pas besoin d'attendre des médicaments.

Vous n'avez pas besoin d'attendre que votre enfant se sente prêt.

Vous êtes prêt.

Le plan est clair.

Les hacks sont déployés.

Allez être le leader dont votre famille a besoin et qu'elle mérite.

Vous avez tout ce qu'il faut pour garantir le succès maintenant.

Commencez lundi.

Je crois en votre force.

Je crois en votre engagement.

Allez reprendre possession de votre salon.

ÉPILOGUE

LE MOT DE LA FIN : LE SEULEMENT INTERRUPTEUR DE CONFIANCE QUE VOUS DEVEZ ACTIVER AUJOURD'HUI POUR GARANTIR LE SUCCÈS

Vous l'avez fait.

Vous avez terminé le livre.

Vous avez absorbé le savoir.

Maintenant vient la partie critique.

Maintenant, vous devez agir.

Rappelez-vous comment vous vous êtes senti à la page un.

Ce lourd fardeau d'épuisement.

Ce sentiment persistant et rongeur d'échouer envers votre enfant.

Ce sentiment n'est plus votre vérité.

Ce sentiment est parti.

Nous activons un interrupteur en ce moment.

Remplacez cet ancien épuisement par un but précis et aigu.

Vous êtes équipé.

Vous avez 10 outils puissants dans votre arsenal.

Ce ne sont pas des stratégies vagues.

Ce sont des protocoles soutenus par la science pour démanteler l'anxiété.

Vous connaissez maintenant le mécanisme de la peur.

Vous comprenez les étapes exactes pour interrompre le cycle.

Mais il y a un interrupteur qui gouverne le succès des autres dix.

C'est le seul interrupteur de confiance qui garantit un résultat positif.

C'est votre confiance.

Votre enfant vous regarde constamment pour obtenir des données.

Quand ils ont peur, ils vérifient votre visage.

Quand ils sentent l'anxiété resserrer son emprise, ils évaluent votre réaction.

Si ils voient de la panique ou de l'accommodation dans vos yeux, ils intègrent cette peur comme légitime et écrasante.

Ils apprennent que le monde est en effet dangereux.

Le seul interrupteur que vous devez activer aujourd'hui est la réalisation que vous êtes l'Ancre.

Vous êtes la force stable.

Votre croyance intérieure dans le plan doit être inébranlable.

Vous devez projeter une certitude calme et absolue que le monstre de l'anxiété est une nuisance, pas une menace.

Votre enfant cherche son leader.

Montrez-leur que le leader est calme.

Montrez-leur que le leader est en contrôle.

Vous ne réagissez plus aux symptômes.

Vous déployez maintenant stratégiquement un traitement.

C'est la différence entre l'impuissance et le pouvoir.

Vous avez gagné cette compétence.

Retournez dans votre salon.

Arrêtez de marcher sur des œufs.

Arrêtez de satisfaire les exigences du monstre de la peur.

Vous avez le pouvoir de démanteler ce cycle, à partir d'aujourd'hui.

Vous connaissez les scripts.

Vous connaissez les limites.

Vous savez comment valider le sentiment sans alimenter la peur.

Allez être l'entraîneur ferme que votre enfant a désespérément besoin.

Allez être le parent aimant qui maintient la ligne.

Allez être la force puissante qui apporte une liberté durable.

Je crois en vous.

www.ingramcontent.com/pod-product-compliance
Lightning Source LLC
LaVergne TN
LVHW020117081026
849580LV00013B/1927